»Die Sprache ist modern, reduziert, und dieses Zusammentreffen der historischen Figur mit dem coolen Blick des Sohnes ergibt einen verblüffenden Effekt, dem man sich nicht entziehen kann.«
FRANKFURTER ALLGEMEINE SONNTAGSZEITUNG

»Lars Brandt schildert das Zusammentreffen zweier Menschen so fein nuanciert, offensichtlich um Gerechtigkeit bemüht und gleichzeitig mit dem Mut zum ins Absolute gehobenen Detail, daß man diese Prosa außerordentlich schätzen wird.«
FRANKFURTER ALLGEMEINE ZEITUNG

»Das genaueste, auch das brillanteste Buch, das ich kenne … Literarische, manchmal sogar poetische Miniaturen.«
WELT AM SONNTAG

»Ein außergewöhnliches Buch … Ein intensives, kluges, luzides Buch über eine Vater-Sohn-Beziehung der außergewöhnlichen und doch nicht ungewöhnlichen Art.«
SÜDDEUTSCHE ZEITUNG

Lars Brandt, 1951 in Berlin geboren, studierte u. a. Philosophie, Politologie und Soziologie. Er lebt in Bonn und arbeitet seit Mitte der siebziger Jahre als freier Künstler.

Lars Brandt
Andenken

Rowohlt Taschenbuch Verlag

Veröffentlicht im Rowohlt Taschenbuch Verlag,
Reinbek bei Hamburg, September 2007
Lizenzausgabe mit Genehmigung
    des Carl Hanser Verlags München Wien
Copyright © 2006 by Carl Hanser Verlag München Wien
Foto Seite 109: © 2005 Andy Warhol Foundation
    for the Visual Arts/ARS, New York
Umschlaggestaltung any.way, Hamburg
    unter Verwendung des Originalumschlags
    des Carl Hanser Verlags, Entwurf von
    Peter-Andreas Hassiepen, München
Druck und Bindung Clausen & Bosse, Leck
Printed in Germany
ISBN 978 3 499 24453 7

»›Das iss nix als Gerede, Mary Catherine. Ich muß jetzt weiter.‹
›Ja und wenn schon. Alles ist doch Gerede, oder nicht?‹
›Nicht alles.‹«

Cormac McCarthy

Wo sonst die schweren schwarzen Limousinen vorgefahren waren, krümmten sich nun gigantische Elefantenstoßzähne verlassen auf dem Asphalt, ihr gelbliches Weiß eingenäht in sackbraune Jute, auf der schwungvolle Buchstaben die Herkunft der Trophäen verrieten: Bangui. Niemand kümmerte sich um sie. Packer einer Spedition hatten das unübersichtliche Inventar der Wohnung in wochenlanger Arbeit für den Transport vorbereitet und schließlich alles in Lastwagen gehievt. Was zurückblieb, lag nun herrenlos hier im Hof herum. Elfenbein.

Das Wächterhäuschen vor dem Tor: verwaist. Bis eben hatten darin rund um die Uhr Spezialagenten aus dem Bundeskriminalamt gehockt, deren Aufgabe dort in wenig anderem bestand, als auf den Knopf zu drücken, der den Elektromotor in Gang setzte, dank dessen verborgener Kraft das schwere Stahlgitter zur Seite glitt. Ein paar von ihnen waren als Bodyguards unterwegs mit dem, den sie den *Alten* nannten, während die anderen sich im öden Wachdienst am Grundstückseinlaß abwechselten.

Meist saßen sie im fahlen Schein eines kleinen Fernsehapparats, wenn ich abends mit dem Auto vorfuhr und auf Durchlaß wartete. Einige besserten auch ihren Sold auf und hämmerten im Halbdunkel der Pförtnerloge auf eine Schreibmaschine ein. Manchmal, wenn ein Neuer auf Posten war, der mich noch nicht aus dem Augenwinkel erkannte, hatte ich aussteigen müssen. In der Regel aber war es damit getan gewesen, mein Gesicht grüßend zum Fenster zu wenden, hinter dem Ober– und Hauptkommissare ihre

Zeit totschlugen. Jetzt stand das breite Tor mit seinen starken Gitterstäben einfach weit offen. Da saß niemand mehr,
dem es zuzunicken galt.

Auch von den grünuniformierten Grenzern war nichts
mehr zu sehen, junge Männer, die im Garten Wache gescho-
ben und so ihren Wehrdienst abgeleistet hatten. Nachts war
das Scharren und Stampfen ihrer Stiefel hinaufgedrungen,
wenn sie sich zwei Etagen unter meinem Fenster auf eine
Zigarette trafen. Das murmelnde Wechselspiel ihrer Worte,
gelegentlich von verhaltenem Gelächter unterbrochen.
Sonst hatte auf dem Waldgrundstück Stille überwogen.
Stille, die jener vorgegriffen hatte, die sich nun wie endgül-
tig ausbreitete – durch das polyphone Gezwitscher der Vö-
gel in den hohen, alten Bäumen hindurch unüberhörbare
Stille. Nun lagen da Elefantenstoßzähne auf dem Weg –
angeschwemmte Ladung aus dem Bauch eines gekenterten
Schiffs, letzte Ausscheidungen der verschlungenen Einge-
weide eines Hauses, das sich aufgelöst hatte.

Der kurze Weg, den die Möbelwagen zu nehmen hatten, führte nur um ein paar Straßenecken. Von dem großen Haus, das jetzt so leer und gestrig im Abseits erledigter Vorgänge lag, zu dem neuen Domizil im selben Viertel auf dem wenig urbanen, sterilen, von einer riesenkrakenhaften Universitätsklinik im Würgegriff gehaltenen Bonner Venusberg. Auch dieses Haus bot reichlich Platz, zumal es vollständig privat genutzt werden konnte, was kleinere Gesellschaften und Politikertreffen nicht ausschloß. Das Präsidium der Sozialdemokraten konnte sich im Wohnzimmer versammeln. Dann waren die lautstarken Ausfälle von Kanzler Helmut Schmidt gegen vermeintlich linksradikale Nachwuchspolitiker in den Reihen seiner Partei, der V. auch nach seiner Resignation als Regierungschef weiter vorstand, noch auf der Straße zu hören.

Eine neue Fassade vor der entkernten, kaum mehr sanierbaren und wohl schwerlich zu rettenden Ehe. Meine Mutter schlug vor, sie beide sollten »gemeinsam über alles lachen«. Aber worüber? Schon vorher, in der Kanzler-Dienstvilla, hatte V. für sich selber nur eine kleine Dachwohnung im Seitentrakt gehabt. Nach dem Umzug stand ihm persönlich jetzt bloß noch eine Art Mansarde mit einem kleinen Bad zur Verfügung. Weshalb er seine jämmerliche Unterbringung wohl hinnahm – oder suchte er sie nachgerade?

Die Luft in den Zimmern und Fluren dieser neuen Villa war oft so dick, daß man sie schneiden konnte, oder sie war zu dünn zum Atmen. Ging es dort irgend jemandem gut?

Ich bezweifle es, V. aber unternahm nichts, daran etwas zu ändern. Warum nur?

Fruchtlose Überlegungen, auch damals stießen alle Fragen nur bis zu kulissenhaften Antworten vor – so wie jene nach der Herkunft der Elefantenstoßzähne. Sie ließ sich oberflächlich klären, doch tat sich damit nichts als eine weitere Tür auf, hinter der es nicht weiterging.

Vergangenheit – die Stoßzähne, das Haus, in das sie nicht mitgenommen wurden und der Rest. Als ich V. später einmal fragte, was es damals mit dem Elfenbein dort im Hof vor dem verlassenen Haus auf sich gehabt hatte, schien er wirklich verwundert: Weshalb nur hatte man das Zeug denn zu uns nach Hause auf den Venusberg gebracht? Und wer denn überhaupt, auf wessen Veranlassung? Was, glaubte man denn eigentlich, sollte er damit anfangen?

Er wußte nichts davon und wollte es nicht wissen. Chauffeure, Referenten und Leibwächter ließen sich so manches einfallen. Sie folgten seinem Terminplan und teilten die Zeit mit ihm, hielten Vorräte seiner Zigarillos bereit, besorgten ihm sein Rasierwasser und packten seine Koffer, was aber hatte er damit zu schaffen, was sie taten oder ließen? Überhaupt: Was gingen ihn die Leute an, die dazu da waren, ihm zu helfen? Sollte etwa er sich noch um sie kümmern?

Nein, er machte sich über keinen von ihnen Gedanken. Doch wie war es möglich, daß auch um ihn herum keiner gelegentlich einen Schritt zurücktrat, um mit Abstand darauf zu schauen, ob es noch stimmte, wie sie da den *Alten* umgaben, und welches Verständnis ihrer Pflichten sie an den Tag legten? V. schien es gleich: War sein Fahrer ein Säufer, landeten sie eben beide am Baum, wenn es denn nicht anders sein sollte. Sie und wer zufällig sonst noch im Wagen hockte.

Die Herkunft der Stoßzähne stand jedenfalls fest: Zentralafrika. Prangte deutlich genug auf dem Gewebe, in das sie eingenäht waren. Doch wieso waren sie bei ihm gelandet, fragte ich. Bei uns. Was war der Hintergrund? V. zuckte die Schulter.

Sein Flugzeug, sagte er im Tonfall der Beiläufigkeit *(wie das nun mal so ist ...)*, sei irgendwann einmal zum Tanken in Bangui zwischengelandet. Um dem Diktator Bokassa, der sich stracks im Flughafengebäude eingefunden hatte, nicht Gelegenheit zu geben, ein Foto von ihnen beiden machen zu lassen, sei er einfach auf seinem Platz in der Maschine sitzen geblieben.

Aber der Kannibale hatte es ihm nicht übelgenommen, und seine Handlanger hievten als Geschenk an den Gast, der keiner sein wollte, eine Ladung Stoßzähne in den Stauraum des Luftwaffenjets.

So richtig vorstellen konnte ich mir das nicht. Ich zweifelte nicht an seiner Darstellung, doch war es zu wenig, als daß ich mir hätte ausmalen können, was ich nicht miterlebt hatte. Statt dessen stellte sich der Eindruck einer seltsam belanglosen Geheimnishaftigkeit, einer etwas faden Unwirklichkeit ein.

Die ihm einen Spitzel in den Pelz setzten, waren erklärte Feinde, aber manchem, der sich (weil ihm die Krokodilstränen einfach nicht trocknen wollen) bis heute als Freund aufspielt, läßt dieser Verrat offenkundig keine Ruhe – er setzt alles daran, ihn noch zu übertreffen. Resultat seltsamer Gefühlsverquirlung, wie es scheint.

Für mich war V. weder Freund noch Feind. Er war Natur. Wenn ich an ihn denke, kommt mir anderes in den Sinn als jenen, die ihn zum Gegenstand ihrer mehr oder minder an der Wahrheit orientierten Recherchen und Erinnerungen machen.

Ich beteilige mich nicht an einer Geschäftigkeit, die sich kaum noch auf Gedächtnis und Forschung beschränkt, sondern längst Oper, Fernsehspiel und Theater einschließt. Warum eigentlich nicht auch Ballett, Musical, Eisrevue? Nur nicht auf halber Strecke stehenbleiben. Dazu die passenden Pralinen, wie zu Mozarts Gedenken, ein Wodka mit seinem Namenszug auf der Flasche, statt dem des Abstinenzlers Gorbatschow, oder vielleicht ein nach ihm benanntes Hacksteak?

Nicht weil ich etwas beweisen oder dokumentieren wollte, den Mann betreffend, der in seinen Briefen, als er es nicht mehr passend fand, mit Papa oder Vati zu unterschreiben, die Paraphe *V.* verwandte, sitze ich hier, sondern um mit ein paar Gedanken zu spielen. Mir steht der Sinn nach Ornamenten – aus freier Hand gezeichnet, und wenn ich zufrieden bin, höre ich auf. Ich will nichts erklären oder aufklären, keine Neuigkeiten verbreiten. Weder Kummer noch Übermut treiben mich an. Der Drang, Mythen zu polieren, sowenig wie der, Mythen ein paar Beulen zu verpassen. Um all das geht es nicht.

Mich treiben Muster ans Papier, die sich ihr Material aus der Wirklichkeit holen. Den Blick schärfen, ein paar Stücke verabsolutieren, die das Ornament vorgeben. Ellsworth Kelly ist auf seinen Pariser Bildern mit Fenstern und Gittern, die er in der Stadt sah, so verfahren. Das greife ich auf. Statt Leinwand und Farbe Lettern. Am Rhein, nicht an der Seine. Statt der Fenster der Vater. So komme unvermeidlich ich selber ins Spiel. Aber nicht darüber schreibe ich, nicht über mich. Mich selbst benötige ich als Medium: Um zu jenem Teil der Wirklichkeit vorzustoßen, von dem nur ich erzählen kann.

Kneife ich also die Augen zusammen, um V.s Umrisse zu erfassen und mein Material zu finden: Was sehe ich? Einzelheiten, die auseinanderfallen und wenig zusammenzupassen scheinen, wiewohl sie sich doch zu einem Ganzen fügten. V. den Machtmenschen, der Mittel und Wege kannte, sich durchzusetzen, aber ein warmes Herz besaß, das in anderen das Bedürfnis weckte, von ihm erkannt zu werden, weil sie sich mit ihm identifizierten.

Günter Grass, der sein Renommee als Künstler in den Dienst der Sozialdemokraten stellte, verglich bekanntlich den Fortschritt mit einer Schnecke. Welcher Fortschritt? Inzwischen ist er uns abhandengekommen. Damals wähnte sich jedermann per Du mit ihm, ganz wie mit V. Ob Grass durch V.s Naturell zum Bild der Schnecke angeregt wurde? Oder ob V. seine Schneckennatur in der Metapher aufgegriffen fand? Ich weiß es nicht. Der personifizierte Fortschritt war er gewiß nicht, selbst wenn er sein Schneckenhaus nie ganz verließ.

Aber das ist ja vielleicht die List der Schnecken, sie brauchen nie aus dem Haus zu gehen und kommen trotzdem gut herum. Unbestreitbar lebte V. sein Leben nicht innerhalb des Hauses. Aber draußen, soviel er sich auf dem Erdball herumtrieb, quälte er sich in der Gesellschaft anderer Menschen – anderer Individuen. Deswegen war er vielleicht doch nicht wirklich aus dem eigenen Gehäuse herausgekommen, wie es den Anschein hatte, wenn er abends, woher auch immer, zurückkehrte.

Die Hand, die er einem zum Gruß entgegenstreckte, griff nicht zu. Persönliche Kontakte forderten ihm etwas ab, was aufzubringen schwerfiel. Das Manko zu kaschieren, bedeutete ebenfalls eine Anstrengung, zu der er sich nur aufraffte, wenn es sich unverkennbar lohnte.

In Menschenansammlungen fühlte er sich besser aufgehoben als bei einzelnen, wenn nicht Funktionen und Zuordnungen klar definiert waren. Gruppen machten ihn weniger nervös. Menschenmassen, wo Gefühle zu abstrakten Strömen zusammenfließen, gaben ihm Sicherheit und stimulierten ihn. Über sie hingleitend wie über Gras, blieb jenseits der Weichheit seines Leibes die verschlossene Härte des Hauses, das er immer auf dem Rücken behielt, verborgen.

Angefüllt mit Gefühlen kam er daher, es waren selten seine eigenen, denen er nur, wenn es unbedingt sein mußte, in der Tiefe seiner Brust einen Kurzbesuch abstattete. Dabei hatte er gerade dann Erfolg, wenn er auf sein Gefühl setzte und nicht alleine auf seinen Verstand.

Wollte man der Charakterisierung folgen, die Henry Kissinger einst im Oval Office zum besten gab, wie im *Stern* stand, blieb ihm wohl auch wenig anderes übrig:

»Ich glaube, Herr Präsident, das Hauptproblem liegt darin, daß er nicht sehr helle ist.«

Nixon teilte diese Meinung:

»Dieser Bursche. In der Tat. Brandt ist ein bißchen dumm.«

»Brandt ist dumm. Und faul«, begeisterte sich Kissinger.

»Nicht wahr?« bekräftigte Nixon.

Kissinger firnisste das Bild: »Und er trinkt.«

Die Welt der harten Knaben eben. V. hätte bestimmt gerne darauf mit ihnen angestoßen.

Gefühl für seine Zeit wurde ihm nachgesagt. Gefühl für etwas zu haben bedeutet allerdings anderes, als sich mit Gefühlen abzuplagen.

Seine Isolation drückte sich nicht in kalter Arroganz aus. Wenn man ihm nicht zu sehr auf den Pelz rückte, konnte er Anhänglichkeit an den Tag legen. Zu manchen derer, die ihm aus der Exilzeit in Skandinavien nahestanden, riß der Kontakt über all die Jahre nicht ab.

Wer ihm angenehm sein wollte, mußte aber selber beisteuern, was V. nicht aufbrachte, der es weder vermochte, noch das Bedürfnis zu spüren schien, Anteil an dem Leben anderer zu nehmen.

Ein Durchlauferhitzer fremder Empfindungen war er. Das lieh ihm Macht über sie. Seine schlichte und um so wirkungsvollere Erkenntnis besagte, daß viele Menschen mit wenig zufrieden waren: Nämlich mit dem, was sie selber ihm mitgebracht hatten. Letztlich also mit sich alleine – solange sie nicht gezwungen waren, dieser Tatsache ins Auge zu schauen.

Zum Zeichen, daß er es geschafft hatte, gewöhnte er sich schon in Berlin ab, eine Armbanduhr zu tragen und ein Portemonnaie zu benutzen. Anfangs flogen noch ein paar Münzen in seiner Hosentasche herum. Irgendwann ließ er auch die fort. Daß er als Kanzler eine Packung Zigaretten selber kaufte, ist wenig wahrscheinlich. In seiner Brieftasche steckten weiterhin ein paar größere Geldscheine – sie waren nicht dazu vorgesehen, es ihm zu erleichtern, sich selbständig in der kleinteiligen Welt zu bewegen.

Wie jeder andere Geld bei sich zu tragen, war nun kein Bestandteil seiner Souveränität mehr. Auch seine Zeit hatte er nicht länger am Handgelenk. An die Stelle von Selbstbestimmung trat die Macht über andere. Macht. Nicht von der Art, die auf Zwang beruht oder Dienste kauft, sondern nebulöse Macht, die keine klaren Konturen zeigt. Seine Macht begann dort, wo rund um die Uhr andere zur Stelle waren, die sich um anfallende Rechnungen kümmern mußten. Er gewöhnte sich an all die Handreichungen und löste sich dabei nach und nach vom alltäglichen Leben.

Auch den Umgang mit Menschen, die ihm nahestanden, dörrte er so aus, daß möglichst weite, einheitliche Flächen übrigblieben, kein Hin und Her unübersichtlicher Puzzlesteinchen der Verständigung. Nie wäre er auf die Idee gekommen, sich vor einem Termin, auf den wir beide uns Wochen im voraus mittels der Sekretärin verständigt hatten, nochmals zu erkundigen, wie man aufgelegt war und ob es dabei blieb.

Seine Verschlossenheit, gar Hilflosigkeit im persönlichen Umgang fiel einigen auf, die mit ihm zu tun hatten. Entsprechend stimuliert, schlug sie in Menschenseligkeit um. Sie hätte rührend wirken können, wäre sie nicht verbunden gewesen mit soviel machtbewußter Wachheit.

Genüsse mancher Art kamen ihm stets zupaß, ohne daß er auf der Jagd nach besonderen Verfeinerungen gewesen wäre. Jedenfalls war es für mich immer auch Ausdruck seiner wahren Weltläufigkeit, daß er es nicht nötig hatte, sich mit den Insignien vermeintlich gehobener Bürgerlichkeit zu zeigen. Er erzählte gerne – und niemand weiß, warum er sich daran so erfreute –, wie er Anfang der 50er Jahre in New York den Tulpenstrauß auf seinem Hotelzimmer zum Salat kleinschnitt, den er seinen Freunden als deutsche Spezialität vorstellte.

Und deswegen machte es Spaß, mit V. zusammen zu sein. Mir machte es oft großen Spaß. Meistens war er zum Mitlachen aufgelegt, schon weil hinter der nächsten Ecke immer auch die Schwermut lauerte.

Hätte man diesen Menschen von seinen Widersprüchen befreien wollen, wäre wenig von ihm übriggeblieben. Sie schlagen auf das Bild durch, das man sich von ihm macht. Wie wenig passen die Mosaiksteine zueinander, aus denen sich sein Porträt zusammensetzt. Die Widersprüche aber binden die so uneinheitlich bunten Steine erst zusammen. Sogar goldene sind darunter. Will man ihr Schimmern wahrnehmen, muß man das Heterogene, Gebrochene, den inneren Gegensatz als Batterie begreifen, zwischen deren Polen sich Spannung aufbaut.

Die Schnecke, absurder Beweis lebendiger Widersprüchlichkeit, die ihr hartes Haus auf dem weichen Leib durch die Welt trägt – V. hatte in Wahrheit doch wenig mit ihr gemein. Denn er hinterließ keine Schleimspur. Seinen Lebenswandel mag jeder, der sich dafür interessiert, beurteilen, wie er will. Der schlüpfrige Kerl hingegen, als der er im Film schon dargestellt wurde, war er nicht. Nein, er war jedenfalls keine Schnecke.

Mein Bild von V. ist kubistisch, simultaneistisch, es zeigt ihn jung und alt auf einmal, im Profil, so wie mein Auge ihn sah, wenn wir nebeneinander hergingen, und gleichzeitig frontal, in den diversen Varianten – eigener Wahrnehmung wie der, die andere mir (ob ich will oder nicht) aus ihrer Blickrichtung präsentieren. Mit Fug und Recht, denn es handelt sich bei ihnen nicht um ungeladene Gäste seiner Party. Ich akzeptiere, daß ihrer aller Blicke und Projektionen genauso wesentlich zur immateriellen Skulptur, die V. darstellt, beigetragen haben wie das, was er für mich war.

Das Bild der Öffentlichkeit von V. ist legitimiert. Er hat sie drum gebeten, sich eines zu machen. Sie alle waren ihm stets willkommen, solange sie Ansichten über und von ihm mit sich herumtrugen. Sie lieferten ihm ein zweites Spiegelbild. Eines langte nicht. Der Witz von dem verkaterten Mann, der morgens in den Spiegel sieht und denkt: *Kenn ich nicht, wasch ich nicht,* wäre in seinem Fall zu modifizieren – dafür kennen einen ja die anderen. Keiner so richtig, aber jeder ein bißchen. Zwar jeder ein bißchen falsch, doch in der Summe ergibt es immerhin ein waschbares Gesicht. Eines, das sich auch zur Wahl stellen läßt.

Ich sah in ihm ein siamesisches Widerspruchsgebilde, sich irgendwie zwischen Licht und Schatten verdoppelnd, zusammengewachsen an ungewisser Stelle, mit einer konkreten und einer abstrakten Hälfte.

Auch wenn ich konstatiere, an dem Pakt mit der Öffentlichkeit, der sein Leben charakterisiert, nicht beteiligt zu sein, kann ich schwerlich an ihn denken, ohne darauf hingewiesen zu werden, daß es in allem mehr gab als uns beide. Kein Gedanke an ihn kommt geradlinig ans Ziel, in dieser Stube meines Daseins läuft jeder Ball über Bande. Daran änderte sich mit seinem Tod nichts. Das Rein-Private existiert nicht, sobald er ins Spiel kommt, lebendig oder tot.

Ein befremdlicher, fast ein wenig peinlicher Moment, als der Fahrscheinautomat eine neue Münze ausspuckte, auf der sein Konterfei prangte; nicht einmal Falschgeld. Aussteigen mußte ich am Willy-Brandt-Platz. Sofort schrumpft die Komplexität eines solchen Orts, und wie ein Husten einer Symphonie den Garaus machen kann, ist seine Benutzbarkeit nur noch eingeschränkt gegeben. Klar, daß ich dort nicht wohnen wollte. Nicht etwa weil V. mir unangenehm wäre. Die besonders kuriose Form der Verdinglichung ist es. Sie stört die klare Leitung zwischen der Welt und mir.

Ich kann also nicht bei Null beginnen. Ein gänzlich frisches Blatt habe ich nicht. Zwangsläufig ist meines ein wenig zerknittert, hier und dort erst mühsam leerradiert, wenn ich mit ein paar Strichen tastend das Bild von V. anlege, das mir vor dem inneren Auge steht. Vor den unzähligen mir bekannten oder nicht bekannten Bildern, die sich über ihm häufen, gibt es kein Entkommen, Bildern, die es ohne mein Zutun von ihm gibt, die mich angehen oder nichts angehen. Ihre Macht endet außerhalb von mir, die Grenze zeichnet mein Stift, dort wo mein eigenes Bild beginnt. In jedem Augenblick wird sie befestigt, in dem ich den Schein eines Zusammenhangs bestreite.

Und all die Leute um ihn, die als Übriggebliebene herumstehen, sind in der Welt, so wie ich selber auch. Sie, deren Gedanken sich hartnäckig, bisweilen inbrünstig auf ihn richteten, nehmen jetzt mit dem Schatten vorlieb, als der er wohl noch in ihrer Mitte wohnt. Was fangen sie mit ihm weiter an? Als V. noch lebte, war es klar, was sie von ihm wollten. Er war die Lokomotive ihrer Ambitionen, also hatten sie ihn fest im Blick, fast so unnachgiebig wie seine Gegner.

Automatenpaßbilder begleiten einen durchs Leben. Überall fanden sich die kleinen Kabinen, in denen man (alleine oder mit jemandem zusammen) verschwinden konnte. Man zog den grauen Vorhang neben sich zu und war abgesondert. Wann schon fotografiert man sich selber? Und wie oft sind solche Fotos dazu gedacht, die objektive Ansicht von einem selbst zu bieten? Mittels einer inzwischen veralteten Technik erstellten diese Automaten anfangs schwarzweiße, später auch farbige Fotos, meist vier auf einem Pappstreifen, der unmittelbar nach den Aufnahmen im Innern der Installation maschinell entwickelt wurde. Schob er sich nach einigen Minuten aus dem Schlitz, war er noch feucht, und dann flatterte das Band aus Karton im warmen Luftstrom eines verborgenen Föns. Gelegentlich benötigte man solche Bilder tatsächlich für ein Ausweisdokument. Die Mehrzahl machte man aber aus Albernheit und zum Zweck der Selbsterkenntnis. Die unvergleichliche Situation in der Einsamkeit der Kabine, meist mitten im Trubel besonders frequentierter Orte wie Bahnhofsvorhallen oder U-Bahnpassagen, überforderte niemanden, irgend etwas (was sich von jedem anders entstandenen Foto unterschied) bekam jeder hin. Man richtete sich notdürftig her, schraubte den Sitz auf die vermeintlich passende Höhe, und drückte dann auf den Auslöser, was jedoch nicht sogleich die Aufnahmen nach sich zog, sondern mit Verzögerung. Blitzte es schließlich, hatte man gerade nicht damit gerechnet, und um so gespannter wartete man auf die Porträts, die man von sich selbst angefertigt hatte. V. hat es auch getan. Renate, meine Frau, ist Künstlerin und hatte ihn für ihre konzeptuelle Bilderserie namens Automat *darum gebeten. Ich stelle mir vor, wie V. eines Abends dort in dem Städtchen, wo er wohnte, den Vorhang beiseite gezogen hat und in die Kabine gestiegen ist. Vermutlich das einzige Mal in seinem Leben. Mit prüfendem Blick hat er den Drehhocker auf die passende Höhe geschraubt, den Kamm aus dem Futteral gezogen, das Haar geordnet und sich dann dieses eine Mal selbst porträtiert. Von anderen war er oft genug aufgenommen worden. Aber ausgerechnet er sah dann auf den Automatenfotos, die sonst jeden Ausdruck verstellen, so aus wie im Leben.*

Automatenpaßbilder

Und was andere über V. schrieben, las ich gestern so wenig, wie ich es heute lese. Was hätten sie mir zu sagen? Was darin steht, kann nichts mit meinem Leben und dem, was für mich zählt, zu tun haben. Das braucht niemand zu bedauern, auch ich nicht. Ein anderes Leben habe ich mir gezimmert, mit anderen Möbeln drin. Mein Regal ist mit anderen Büchern gefüllt.

V. hatte genug mit sich und seinem Beruf zu tun, also gab es jede Menge Freiheit für mich, ich brauchte nur zuzugreifen. Mir gefiel das. Vieles war schlichtweg gut, und ich brauchte es nicht erst für mich dazu zu machen. Wenn man mit ihm und seiner Sphäre zu tun hatte, durfte man nicht erwarten, Verbindlichkeit, vielleicht gar Innigkeit vorzufinden. Das Vertrauen, die Intimität zwischen V. und mir stellte sich nicht jenseits dieses Tatbestands ein, sondern weil ich das früh verstanden hatte.

Im Dezember 2003, als er 90 Jahre alt geworden wäre, stand er längst niemandem mehr im Weg. In den elf Jahren, die seit seinem Tod vergangen waren, hatte sich mit der Stofflichkeit seines Leibes auch das Wirkliche seines Wesens verflüchtigt. Die Bühne war frei für Absurdität.

Die Berliner Senatskanzlei ließ mich per Drucksache wissen, man beabsichtige, am Haus Marinesteig 14 in Berlin Schlachtensee, wo einst Willy Brandt gewohnt hätte, eine Gedenktafel zu befestigen. Wer zur feierlichen Enthüllung erscheinen wolle, solle die beiliegende Karte *(Nehme alleine / mit soundsoviel Personen teil)* bis zum festgesetzten Datum zurücksenden.

Ich antwortete nicht. Dort neben der Haustür vor dem Toilettenfenster fremder Leute zu stehen, um zu hören, was ein paar alte Mitstreiter und nachgewachsene Bürokraten sich aus den Fingern saugten zu dem, was Teil meines eigenen Lebens war?

Da wird sie nun wohl pappen, die Blechtafel. Nicht daß mir die Vergangenheit gleichgültig wäre – eben nicht. Einige Jahre zuvor hatten mich Aufnahmen für meinen Dokumentarfilm über V.s amerikanischen Freund, der damals dort ein- und ausgegangen war, selbst zu diesem Haus zurückgeführt. Zu dem Haus, in dem ich meine Kindheit verbrachte und wo meinem Vater noch gelegentlich ein Markstück aus der Tasche gefallen war.

Anfang der 60er Jahre bezog auf einmal dort, im Vorgarten jenes kleinen, schmucklosen Halbhauses, ein blauuniformierter Polizist Posten. Seltsamer Anblick, wie er vor dem schmalen Rasenstück stand, das Haus und Garten von der verschlafenen Sackgasse trennte – zwei Stunden, endlose zwei Stunden, bis ein Kollege seinen Platz einnahm.

Ich stellte mir vor, er müsse sich langweilen. Manchmal ging ich hinaus, um ihm Gesellschaft zu leisten, und wußte dann nicht, wie ich nach einiger Zeit wieder loskommen sollte. Wenn endlich die Ablösung bevorstand und der nachtblaue VW-Käfer mit kleinem, rundem Blaulicht auf dem Dach knatternd um die Ecke bog, war die Geduldsprobe beendet.

Nachdem ich zweimal mit demselben Polizisten geplaudert hatte, fühlte ich dann paradoxerweise eine Art Verpflichtung, es fortlaufend so zu halten, wenn er Wache schob. Nach einigen Malen traute ich mich, ihn nach seiner Pistole zu fragen. Noch nie hatte ich eine echte Waffe in der Hand gehabt. Er zog sie aus dem Halfter und gab sie mir. Sie wog soviel mehr als meine Spielzeugrevolver, wie ich es schon immer geahnt hatte. Das mehrte meine Neigung, im Gewicht eines Gegenstands einen Ausdruck der Kraft, die in ihm wohnt, zu sehen. Eine Vorstellung aus einer versunkenen Epoche.

Der Schutz durch diese einfachen Berliner Polizeibeamten war offenbar nicht schlecht, denn keinem von uns wurde je ein Haar gekrümmt. Als wohl einiges darauf hindeutete, ein Sohn des Bürgermeisters solle entführt werden, hatte das lediglich zur Folge, daß mein Bruder und ich ein paar Tage lang im Polizei-Käfer zur Schule chauffiert wurden.

Der Bau der Mauer beendete schlagartig die Versorgung mit frischen Landeiern, die uns ein junger Mann namens Bernhard per Fahrrad aus einem Vorort im Osten brachte. Zu Ostern wurden sie bunt angemalt. Die Mauer wurde im Lauf der Jahre auch immer bunter. So avancierte sie, als es soweit war, zum Steinbruch nationaler Sentiments.

Nach dem Untergang der DDR wurde erst ganz deutlich, welches Agenten- und Gangsternest Berlin all die Jahre tatsächlich gewesen war. Der Frontstadtbürgermeister war dabei zwangsläufig ins Visier von Spähern und Verrätern geraten (und seine Familie gleich dazu). Ich wollte nie wissen, wie die belanglosen Ergebnisse solcher Bemühungen aussahen.

Nur durch einen Zufall also kam mir zu Ohren, daß sich Spione des Ostens noch dafür interessiert hatten, wo in unserem bescheidenen Häuschen welcher Tisch und welcher Sessel zu finden waren. Jemandem, der bei uns verkehrte und der bei der Fluchthilfe geschnappt worden war, hatten ostdeutsche Geheimdienstbeamte detaillierte Pläne vom Innern des Hauses zur Überprüfung vorgelegt.

Pfeifenqualm drang mit dem Stepgeräusch der alten Schreibmaschine aus seinem Arbeitszimmer, nachts, wenn ich schon halb schlafend in Kalle Blomquists Abenteuern steckte. V. saß derweil eine Etage tiefer am Tisch und hieb ausdauernd in die Tasten. Anscheinend fiel ihm immer etwas ein, aber was, ahnte ich nicht, und dann klingelte der Aschenbecher aus dickem, unpoliertem Messing, wenn er darin die Tabakpfeife ausklopfte, weil ihm gerade doch der Faden gerissen war.

In seinem Rücken das wandfüllende Regal. Auf der Tischplatte die schwarze Vorkriegsmaschine der Marke *Erika* mit den Typen å, æ und ø, die den phonetischen Spuren ein Gesicht gaben, die das Norwegische in V.s Deutsch gegraben hatte. Daneben thronte das sahnefarbene Telefon. Sein schwerer Hörer lag in einer Gabel, und die Lochscheibe, mit der man wählte, surrte nach jeder Zahl vertrauenerweckend in die Ruhestellung zurück.

Tagsüber, wenn V. im Rathaus war, wo er in einem Amtszimmer von dunkler Weitläufigkeit mit einem spätimpressionistischen Landschaftsbild von Leistikow an der Wand hinter einem massigen Schreibtisch saß und Dokumente in Mappen signierte, die ihm eine der Sekretärinnen aus dem Vorzimmer durch die gepolsterte Tür hereinbrachte, begab ich mich zu Hause gelegentlich in sein Zimmer, um einen Freund anzurufen, den Globus kreisen zu lassen oder für die Schularbeiten etwas im Brockhaus nachzuschlagen.

Manchmal lag neben der kalten Pfeife liniertes Papier auf seinem Schreibtisch, ein Brief seiner Mutter: *Lieber Herb.!*

Die altmodische Ökonomie der Abkürzung berührte mich fremdartig, vielleicht stärker als die offene Frage, wer eigentlich mein Großvater war. Längst benutzte V. einen anderen Vornamen. Hieß auch nicht mehr Frahm mit Familiennamen, wie seine Mutter, bevor sie heiratete. Besuchte ich sie und ihren Mann, den ich Opa nannte, obwohl er es nicht war, las ich auf der Klingel des Lübecker Arbeiterhäuschens: Kuhlmann. Wir hießen Brandt. Wer sein Vater war, daraus machte V. ein überflüssiges Geheimnis – fast bis an sein Lebensende.

Um sich vor den Nazis in Sicherheit zu bringen, die eben an die Macht gekommen waren, floh Herbert, Herb., neunzehnjährig, nach Norwegen. Machte sich mit der Zeit als Willy Brandt einen Namen in politischen Kreisen, in der skandinavischen Sozialdemokratie und der Opposition gegen Hitler. Er zeichnete Artikel und Bücher mit ihm. Als er ins zerstörte Deutschland zurückkehrte, stand V. zu seiner Identität. Zog sich nicht wieder eine Vorgeschichte über, aus der er herausgewachsen war. Insoweit gab es nichts an seinem Lebensweg, was einen besonders hätte verwirren müssen.

Der Kanzler vom Rhein versuchte wohl gelegentlich Zweifel zu säen, ob Namensänderungen – Nazizeit hin oder her – nicht Kriminellen vorbehalten sind. Aber das meinte er nicht so: »Bulganin schwärmt von Kempinski u. fragt, ob es noch stünde. Adenauer«, kritzelte er frohgemut mit dem Bleistift auf einen Zettel, den er im Bundestag zu V. hinüberschob, Mitte der 50er Jahre, vor einem halben Jahrhundert. Der alte Mann war gerade aus Moskau zurückgekehrt, wo er die Freilassung der noch verbliebenen Kriegsgefangenen erreicht hatte. (V. fand das Blättchen selber kurios, und ich glaube, deshalb gab er es später mir.)

Die Unterstellungen wegen des Namenswechsels brachte der rheinische Greis mit der kunstvoll primitiven Kommunikationsfertigkeit weiterhin in seinen Reden unter. Und im S-Bahnhof Grunewald hatte jemand an die Wand geschrieben »Frahm? Infam!« Beachtenswert daran erschien mir die Blödheit des Reims.

Überflüssigerweise hat V. jedoch selber Geschmack daran gefunden, manches ins Halbdunkel zu hüllen, das eigentlich kein Geheimnis brauchte. Wollte man von ihm mehr über seine Person hören, physische und geistige Erfahrungen mitgeteilt bekommen, wurde er einsilbig. V. gab sich nicht die geringste Mühe, die Unschärfe, in der sich seine Herkunft und die Konstituanten seiner Seele verloren, wegzuwischen – im Gegenteil. Sorgsam war er darauf bedacht, sich das, was er wohl als ihre Aura empfand, zu bewahren.

Er, der Politiker neuen, amerikanisch orientierten Stils, der nach allen Regeln der Kunst in die Öffentlichkeit drängte (und uns gleich mitzog), wo Scheinwerfer und Blitzlichter auf ihn gerichtet waren – er versteifte sich auf die Unklarheit. Scheinwerfer, war ihm bewußt, spenden Licht, damit auch Schatten, das gehört dazu – vor allem aber Schein.

Vom Zwielicht solcher Aufmerksamkeit nährt sich ein spezieller Schummer, der alle Konturen verschmiert. Der alles möglich und nichts undenkbar erscheinen läßt. Tatsächlich ließ V. zu, daß ihm nacheinander versuchsweise die operettenhaftesten Väter angedichtet wurden. Wie leicht hätte er die Spekulationen ein für alle Male beenden und den Ballon platzen lassen können. Aber dann wäre die Luft draußen gewesen. Er hätte einen Vater gehabt statt eines Geheimnisses, basta.

Einmal konnte ich V. überreden, mit mir ins Kino zu gehen, eines Sonntagnachmittags. Was mir daran lag, weiß ich nicht mehr. Aber es war mit Mühe verbunden, ihn soweit zu bekommen, daran erinnere ich mich. Aus irgendeinem Grund versuchte ich auch noch durchzusetzen, daß wir im Bus führen. Ich malte mir aus, wie wir im Oberstock zusammen säßen und den Kurfürstendamm in voller Länge abfahren würden, so wie ich es mit meinen Freunden täglich nach der Schule tat.

Aber soweit ging sein Entgegenkommen nicht; ich glaube, er wäre sich albern dabei vorgekommen, und das konnte er nicht brauchen in seiner Stadt, wo er nicht damit spielen durfte, ob die Menschen ihn akzeptierten und ihres Vertrauens würdig fanden. Sie nutzten wirklich den Bus, er nie, also auch diesmal nicht. Eigentlich ging es mir darum, mit ihm etwas zu unternehmen.

Der Film, in den ich V. schleppte, interessierte mich selber nicht besonders. Als wir im Kino, einem der Uraufführungstheater, wie sie altehrwürdig hießen, ohne daß ich genau erfaßte, was der Unterschied war, auf den da Wert gelegt wurde, unsere Plätze eingenommen hatten, dauerte es dann nicht lange, bis V. fest eingeschlafen war. Der Film hieß *Der längste Tag*, und so bald brauchte ich ihn nicht zu wecken.

Wird die Verbindung zwischen V. und mir gelegentlich im Gespräch berührt, entfacht das keine Neugier. Ganz im Gegenteil. Die anderen berichten mir von sich und von ihrem Verhältnis zum fernen V. (z. B. als leidgeprüfte Sozialdemokraten und Anhänger Kurt Schumachers, als Berliner, Bewunderer seiner Persönlichkeit, fanatische Befürworter der Ostpolitik, Wähler, usw.). Sie möchten mir die Rolle bekennen, die dieser Mann in ihrem eigenen Leben spielte. Sie sagen mir immer wieder, wie und wer er war. Auch wenn sie ihn nie persönlich gesehen haben.

Was aber ist mein Part, meine Rolle, wenn nicht in ihrem Spiel, dann in dem, das ich selber mache? Jedenfalls keine Anekdotenüberlieferung, keine Pointenfabrikation. Ich versuche, genau zu sein, genau im Hinblick auf das, worum es zwischen ihm und mir geht. Alle Fakten sind möglichst korrekt aufgeführt. Aber meine Aufgabe sehe ich nicht darin, möglichst große Halden davon aufzuschütten. Der Blick über das Terrain muß frei bleiben.

V., das bedeutet mir einen vertrauten Ton, eine Atmosphäre, die ich atmete, darin versteckt sich Stoff, der mich angeht. Es ist da etwas jenseits meines Überdrusses, den die vielstimmige Beliebigkeit schon lange nährt, das verteidigt werden muß. Zu keinem Zweck als dem, es zu tun. Statt Entdeckungen machen zu wollen oder allbekannte Ereignisse nochmals neu aufzufädeln, suche ich nach etwas festem, trockenem Boden, den wir uns teilten. Etwas, das so war.

Also zeichne ich nichts als reduzierte Ornamente, bar aller Schnörkel, weder zur Unterhaltung anderer noch zur eigenen Erbauung. Ausholende Spekulationen haben in diesen Zeilen ebensowenig zu suchen wie materialreiche Analysen. Nur die spröde Besichtigung einiger Zusammenhänge, ein kurzer Blick auf ein paar vielleicht charakteristische, aber eher unspektakuläre Einzelheiten.

In seinem Arbeitszimmer bei uns im Haus standen hohe Bücherregale. Nicht viel Literatur fand sich darin, doch beispielsweise Snorre Sturlasons altnordische Götter- und Heldenmythen – eines der wenigen Bücher, aus denen er uns beiden älteren Söhnen sogar ein paarmal vorlas. Mir blieb davon nichts haften als der Klang der archaischen Sprache aus seinem Mund, das sich von dem Norwegisch, das täglich bei uns zu Hause gesprochen wurde, rätselhaft unterschied. Eines Heiligabends dann zog V. plötzlich die dicke Bibel aus seinem Regal, um die Weihnachtsgeschichte vorzutragen. Das blieb eine isolierte Episode, umgeben von ganz anderer Atmosphäre.

Neben historischen und aktuellen Schriften, die politische Themen abhandelten, standen dort auch ein großes Brockhaus-Lexikon und Brehms Tierleben in zehn handlichen, grünen Leinenbänden aus der Vorkriegszeit. Wenn ich den Leuchtglobus anknipste, tauchte er die aufgereihten Hefte des *Monat* in blaues Licht. Anziehende, seit Jahrzehnten gilbende linkssozialistische Broschüren aus Exilverlagen an der Seite jüngerer Abrechnungen mit dem Kommunismus, von Arthur Koestler und anderen. Ein paar Bücher, die V. verfaßt hatte, manche auf Norwegisch, die neueren auf Deutsch, flankiert von ersten Übersetzungen in andere Sprachen, gab es auch.

Später mangelte es den kleinen Räumen, in denen V. als Kanzler, als Vorsitzender seiner Partei wohnte, zunehmend an Platz und geraden Wänden, viel unterzubringen. Gewiß, es gab an anderer Stelle im Haus Regale mit Büchern, skandinavische Autoren wie Hamsun, Ibsen, Undset, Laxness waren dort vertreten, manches andere, ziemlich bunt gemischt und ohne klare Kontur, zeitgenössische deutsche Schriftsteller wie Grass oder Lenz, oft in Widmungsexemplaren.

Seine persönliche Arbeitsbibliothek wurde immer schmaler, und er zog es vor, Bücher, die er brauchte, zu leihen, um sie nicht dauerhaft bei sich aufbewahren zu müssen. Das begann in den Jahren seiner Kanzlerschaft. Ein weiterer Schritt ins Unpersönliche.

Ein anderer Student nahm mich eines Tages Anfang der 70er Jahre beiseite, eben schlenderten wir aus dem Philosophischen Seminar, wo wir fleißig Marx gelesen hatten:

»Ich stelle mir vor, dein Vater hätte sich mal damit beschäftigt, was in diesem Buch steht. Dann sähe heute aber manches anders aus!«

Im Spaß erzählte ich das am Abend V. – der aber schien sich zu meiner Verblüffung zu ärgern.

»Ich habe das *Kapital* nicht nur gelesen, sondern selber ins Norwegische übersetzt!«

Was man sich unter seiner Übersetzung vorstellen mußte, dem bin ich nie nachgegangen. In einem seiner Erinnerungsbücher hat er sich, wenn ich mich nicht täusche, ähnlich geäußert. Man könnte voraussetzen, ich müßte wissen, wie sich das verhielt, da ich an diesem Buch mitgearbeitet habe – mit Sorgfalt sogar. Trotzdem blieb mir wenig davon haften, weil ich ohne besondere Anteilnahme dabei war.

Der Chauffeur brachte damals jeweils ein oder zwei Kapitel, wie sie die Sekretärin nach V.s handschriftlichem Entwurf abgetippt hatte, bei mir vorbei. Ich las sie zu Hause und notierte meine Anmerkungen oder Änderungsvorschläge, so wie es auch einige andere taten. Dann trafen wir uns in Abständen, meist in Münstereifel, und gingen Seite um Seite durch. Bei längeren Neuformulierungen ordnete V. die Blätter mit den Randnotizen des anderen in sein Manuskript ein, um sie bei seiner Überarbeitung zur Hand zu haben. Kürzere Änderungen wurden gleich verworfen oder akzeptiert, er übertrug sie dann auf seine eigene Seite.

Aus den ersten Jahren, ungefähr bis ich in die Schule kam, entsinne ich mich V.s noch als eher schlanken Mannes. Der Berliner Bürgermeister neigte aber schon unübersehbar zu kräftigem Embonpoint, und eines Tages machte er überrascht die Beobachtung, daß seine Füße unter dem Bauch verschwunden waren. Auch der Bundeskanzler Brandt wird nicht viel Blickkontakt mit ihnen gehabt haben. Doch nach seinem Rücktritt kamen sie irgendeines Tages wieder zum Vorschein. Im Alter wurde er zusehends schmaler, bis schließlich Krankheit seinen Leib leicht, zart, durchscheinend und zerbrechlich machte.

Geheimratsecken rahmten von Jugend an seine Stirn ein und flankierten eine sich langsam vollständig vom Rest des Haars absetzende Locke. Es gibt Fotos von ihm mit Mützen, die er als Student trug. Oder als norwegischer Ziviloffizier im Nachkriegs-Berlin. Auch erinnere ich mich, daß anfangs in der Garderobe eine knautschige Baskenmütze herumlag, wie Ernst Reuter sie aufgehabt hatte, über den er in den 50er Jahren, bevor er ihm später als Bürgermeister nachfolgte, zusammen mit Richard Löwenthal eines der Bücher schrieb, die mir in seinem Regal auffielen, weil sie seinen Namen trugen.

Inzwischen gehören Kopfbedeckungen nicht mehr selbstverständlich zu unserer Kleidung. Wer damals keine Lust hatte, mit einem Hut herumzulaufen, weil ihm das zu bourgeois vorkam, trug eben eine Mütze – eine mit proletarischem Schirm oder eine Baskenmütze ohne Schnickschnack. Als V. sich plötzlich einen Homburg aufsetzte, verhieß der steife Filz Würde und Ernst. Wie auf dem kantigen Schädel seines Kontrahenten, des greisenhaften Bundeskanzlers Adenauer, der stets mit solch einem Deckel einherstolzierte, wenn er nicht gerade Boccia spielte. (Als junger Kölner Bürgermeister hatte Adenauer Zylinder getragen, dem entsprach nun V.s Homburg.)

Am Kurfürstendamm erstand V. also einen grauen Herren-Hut und setzte sich damit neben seinen Chauffeur. Dann fiel schon weniger auf, wieviel älter der war als er selber, das Stadtoberhaupt. Die Devise lautete noch nicht: Jugend um jeden Preis, echt oder vorgetäuscht, Hauptsache juvenil. Adenauer, De Gaulle, Eisenhower – alte Männer waren es, die bestimmten und gewährleisteten. So bejahrt wie sie war V.s Chauffeur nicht. Er hieß Holly und gewährleistete lediglich, zu bestimmen hatte er wenig.

Wieviel die beiden trennen mochte, fragte ich mich. Georg Holly wohnte mit seiner Frau in einer Neuköllner Mietskaserne, Kohlenofen, das Klo auf halber Treppe. Als deutscher Soldat war er aus dem Krieg ohne größere Verwundung herausgekommen. V. stand, wenn auch nicht mit der Waffe kämpfend, auf der anderen Seite. Meine Empfindung lief auf die Frage hinaus: War nicht ihrer beider gemeinsame Seite eigentlich eine dritte, die mit alledem nichts zu tun hatte?

Menschen wie Georg Holly und Martha Litzl waren Gegebenheiten, naturwüchsig vorhanden. Ihnen wurde keine wirklich persönliche Beachtung zuteil. Die wenigen karikierenden Züge, die man ihnen zugestand, kümmerten als achtlos hingewischte Klischees vor sich hin. Ein paar lieblose Striche ohne Anfang und Ende sollten für ihr Bild reichen, auf dem für Schattierungen oder wirklich individuelle Farben kein Platz war. Ich kann mich nicht erinnern, daß in meinem Elternhaus je die Tatsache, daß Holly ein Mann mit einer eigenen Geschichte war, Gesprächsstoff gewesen wäre.

Die Frage, unter welchen Umständen er leben mochte, kam gar nicht erst auf.

Dabei war er Teil unserer Existenz, chauffierte die Familie noch in die Ferien. Einmal bastelte er mir einen hölzernen Kampfschild mit Griffschlaufen aus Jalousienband. Wenige Jahre später lagen überall in den Kaufhäusern Ritterrüstungen mit Schwert und Schild aus silbernem Plastik herum. Mir verhalf noch Georg Holly zu einem Einzelstück von Gewicht, das ich selber lackierte.

Viel mehr noch gehörte Martha Litzl dazu. Sie führte nicht nur den Haushalt. Sie bildete einen feststofflichen Gegenpol zu dem Gas elterlicher Präsenz. Das ließ sich allenthalben wahrnehmen, aber nicht greifen, man wußte nicht, wo es anfing und endete, es bedeutete alles oder nichts. Ich war ein Kind, und Martha Litzl war vorhanden. Die Tragik, die darin liegt, daß ihr das eigene Leben weggenommen worden war und sie in unserer Familie knappen Ersatz fand, begriff ich erst später.

Gleich dem Chauffeur war sie von schwerer Statur. Ob die gereizte Abneigung, die beide verband, damit zu tun hatte, weiß ich nicht. Aus irgendeinem Grund wähnte sich der verheiratete Chauffeur über die Wirtschafterin, die im Krieg ihren Mann verloren hatte, erhaben. Wahrscheinlich spürte er ihr mehr Schicksal an, als er ertragen konnte.

Nur alt kannte ich sie. In Wahrheit war sie Anfang Vierzig, als ich geboren wurde, damals schon Witwe und ein paar Jahre vor mir in unserem Haus. Ihr Haar ergraute früh vollständig, und sie nahm den Habitus einer definitiv unjungen Frau an. Mit allen Ambitionen und Träumen von einer eigenen Familie hatte sie abgeschlossen. Um so nachdrücklicher und mit bedingungslos unsentimentaler Liebe kümmerte sie sich um alles, was mich anging.

So wie ihre Haare früh alterten, verschlissen auch ihre Gelenke vor der Zeit, und bald konnte sie nur mit starken Medikamenten leben und der Arbeit nachgehen, die nicht ein Teil ihres Tages war, einer neben anderen, sondern die Form bildete, in der sie durch ihr Leben ging. Für mich gab

Martha Litzl mit ihrer schmerzensbedingten Launenhaftigkeit und schicksalsgefestigten Verläßlichkeit dem Dasein etwas Greifbares, das die Luftigkeit und Leere unseres bei allem Geschehen unausgefüllten Hauses dringend brauchte.

Von Urlaubsreisen schickte V. in den ersten Jahren Grußkarten, die wenig Plastisches mitteilten. Bis auf einen Passus, der sich an die *Liebe Frau Litzl* richtete und sie anwies, einen Anzug reinigen oder seinen Homburg ausbeulen zu lassen. Es gibt ein Foto, das ich als Junge von ihr machte. Darauf steht sie im geblümten Schürzenkleid, den Zeigefinger am Mundwinkel, lächelnd, vor den großflächigen Unterhosen ihres Chefs, die im Garten an der Wäscheleine hängen.

Ohne wirklich zu wissen, was in ihr vorging, kann ich mir nicht vorstellen, daß sie noch sehr viel von der Zukunft erwartete. Ich mochte es, wenn sie von früher erzählte. Die Aale, die ihr Bruder aus der Reuse zog, waren keine Schnürsenkel, sondern … sie wies auf ihren kräftigen Unterarm. Von einer Reise in die Heimat träumte sie. Gerne hätte sie einem gezeigt, woher sie kam, den Gutshof, den das junge Ehepaar Litzl verwaltet hatte.

Kaum daß ihre Ehe begonnen hatte, war ihr Mann im Krieg gefallen. Von Vertreibung und dem Verlust ihrer vertrauten Umgebung, ihrer Familie und ihren Freunden erzählte sie, von ihrem Leid erfuhr ich wenig. »Das ist schlimm«, war eine Formel von ihr.

Sie gelangte nach Berlin, wo sie in den Dienst amerikanischer Offiziere trat – ungefähr so wie die dicke Negerköchin. Ihr machte es keine Schwierigkeiten, große Runden zu versorgen, Furcht vor ein paar Truthähnen, ausladenden Pfannen und tiefen Töpfen beschlich sie bestimmt nicht. Aber irgendwann überwältigte sie der Verlust ihres Lebens, und da brach sie einfach zusammen und kam in die Nervenheilanstalt. Die Amerikaner gaben ihr ein Zeugnis mit: »Ernährt sich hauptsächlich von Kartoffeln.«

Nach seiner Ankunft im zerstörten Berlin knüpfte V. neue Kontakte und führte alte, vielfach aus der Emigrationszeit, weiter. Er legte sich ein Adreßbuch an. Mit klarem Ordnungssinn setzte er mit dem Füller Namen um Namen untereinander. In späteren Jahren erledigten Sekretärinnen solche Arbeiten, führten Adreßverzeichnisse und Kalender für ihn mit der Schreibmaschine. Proper getippte Pläne mit den Terminen des Tages erwarteten ihn jeden Morgen auf seinem Schreibtisch, wenn er ins Büro kam. Im Lauf des Tages wurden sie ergänzt und dann gesammelt.

Postkarten, die V. schickte, erzählten wenig. Die stereotypen Sätze gaben nicht viel her, weder an Fakten noch an Emotionen. Aber die Handschrift fand ich hübsch. Manchen bereitete es Schwierigkeiten, sie zu entziffern. Er schrieb linear in der Ebene, seine Buchstaben hatten kaum Ober- und Unterlängen, die meisten waren ziemlich vereinfacht, aber in dieser eher zierlichen, manchmal stark in die Horizontale geweiteten Form eigentlich unverwechselbar. V.s Füller mit der breiten Feder fügte sie wie später seine Filzstifte zu einem fast arabisch anmutenden Schriftbild.

Von einer Orientreise brachte er ein Taschenmesser mit, das mit arabischen Zeichen verziert war, wie er dachte. Bis er dahinterkam, daß die Ziselierung seine eigene Unterschrift zeigte. Das Messer benutzte er sogar eine Zeitlang, er schälte damit Apfelsinen in den Jahren, als er noch Geld in der Tasche hatte und eine Uhr am Handgelenk trug.

In der Schule wurde jedes Jahr zu Weihnachten ein Krippenspiel aufgeführt. Von der zweiten Klasse an kam man für eine Rolle in Frage. Ich begann als Sohn des Wirts und gelangte bis zum König Herodes (mit prachtvollem Kleid). Mein Freund, intelligent und Außenseiter, gab den Hirten (mit mehr Text).

Maske und Kostüme waren unsere Sache. Streng wurde die Sache nicht genommen, solange man sich daran hielt, daß die Bibel in Bayern spielte. Bis zu jenem Tag, als der Hirte nicht als Herrgottschnitzer mit Vollbart, sondern als schneidiger Orientale mit einem feinlinigen, schwarzglänzenden Menjoubart auf der Oberlippe erschien. Ohne viele Worte wurde der Zersetzer aus dem Ensemble entfernt. Wahrscheinlich war er mit seinem Strichbart der erste originalgetreue Hirte, der je in einem Krippenspiel aufgetreten ist. Aber das wollte niemand wissen.

Jener Homburg, den V. sich am Anfang der politischen Karriere als Ausweis seiner Distinktion zulegte, erschien mir damals, als rage er aus einer verflossenen Epoche herüber. Verwundert stelle ich fest, daß die Erinnerung an meine Kindheit nun genauso ins Heute implantiert ist wie damals sein Hut.

In der hitzigen Frontstadtatmosphäre Berlins hatte V. es früh zum Image eines kämpferischen Stadtoberhaupts und Volkstribuns gebracht. Bevor er morgens seinen Hut aufsetzte, konnte es bereits damals vorkommen, daß wir zusammen frühstückten. War es für ihn eine lange Nacht gewesen, ließ er sich dazu auch schon einmal eine Flasche Pils bringen, das schöner als mein Kakao schäumte, wenn er es in das Glas goß.

Vor dem Haus stand längst Chauffeur Holly in seinem voluminösen grauen Mantel und einer steifen Mütze mit schwarzglänzendem Schirm auf dem großen, bis zur Schädeldecke geschorenen Kopf. Hinter ihm wartete der rundliche schwarze Mercedes 190. Der damals noch ziemlich junge *Alte* kletterte in seinen Dienstwagen, der Chauffeur ließ den Motor an. Zwei schwere Männer in einem kleinen Auto unterwegs zum Rathaus.

Wurde in der Schule nach dem Beruf des Vaters gefragt, gab ich zur Auskunft: Journalist. Auch wenn es nicht der Wahrheit entsprach und das Klappern seiner Schreibmaschine nur kundtat: er schrieb, nicht hingegen, daß es ein Artikel war. V. differenzierte, der Journalismus sei sein eigentlicher Beruf, alles andere seien Ämter. Aber das traf schon damals nicht zu. Ich kannte ihn nur als Berufspolitiker.

Obwohl er seine Tätigkeit sonst wenig kommentierte, was er lieber anderen überließ, widersprach er entschieden, wenn er mit der Ansicht konfrontiert wurde, Politik sei ein schmutziges Geschäft. Darüberhinaus machte V. aus allem, was Ambitionen, Wille, Machttechnik betraf, ein Geheimnis. Ahnen ließ er einen diese Seite seiner Existenz gelegentlich schon, deutlich erkennen nie.

Daß er anscheinend immer an der Arbeit war und es dabei stets um viel zu gehen schien, gefiel mir nicht schlecht. Dadurch war etwas los, Energie war zu spüren, viele verschiedene Leute kamen ins Haus. Auch deshalb fühlte ich mich wohl in seiner Gegenwart. Wie es aussah, hatte auch er mich gerne um sich – mit der Folge, daß wir auch häufig miteinander verreisten, nicht nur im Urlaub, und überhaupt relativ viel zusammen waren.

Dabei brauchte ich mich nicht zu verbiegen. V. akzeptierte, was ich tat und was ich ließ, auch wo es ihm vielleicht nicht einleuchtete. Außerdem: egal was ihm (oder wem auch immer) nicht schmeckte, für mich blieb es dabei – alle Rollen abgelehnt, die mir zugedacht waren, Menjoubart angepappt und glücklich entkommen.

Willy Brandt *auf der Insel der Hula-Mädchen,* titelte das Revolverblatt.

»Ein Strohhut!« rief einer seiner Begleiter begeistert und schwenkte etwas Helles, »ein Strohhut!«

Zurück von der *Weltreise,* krochen sie strahlend aus der Propellermaschine hervor, V. wie immer als letzter. Er verharrte auf dem Podest über den Stufen und stieg gemessen die Gangway hinab, wo einige Reporter warteten; außerdem wir – seine Frau, seine Söhne. Chauffeur Holly hatte uns zu Hause abgeholt und den Wagen direkt aufs Vorfeld in Tempelhof gelenkt. Blitzlicht!: Der *Regierende* bringt Sohn Lars aus Übersee ein Transistorradio mit.

Lackdosen dienen der Aufbewahrung von Zeit. Residuen einer untergegangenen Welt, versetzt in die immaterielle Epoche. Ihr Hohlraum birgt in sich die Vergangenheit. Sie bestehen aus lackiertem Holz, das auch im Innern eigentlich Außenseite ist, was ihrer Materie etwas Theoretisches verleiht, und darin verbirgt sich, was war und nie wiederkehrt. Schicht um Schicht aufgetragen, legt sich die aus einer Pflanze (dem Lacksumach – Rhus vernicifera) gewonnene Substanz auf die Flächen, die sie mit ihrem Glanz verhüllt und prachtvoll zur Geltung bringt, sogar im unauffindbaren Dunkel ihrer verschlossenen Seele. Jede neue Lackschicht muß in feuchtwarmer Luft austrocknen, dann wird sie geschliffen und dient als Grund für die nächste. Der letzte Auftrag wird nach dem Schliff poliert. Wenn man den Deckel der Lackdose anhebt, strömt einem der Duft des Lacks, des Holzes und der Zeit selber entgegen. Als die Sowjetunion unterging, die die Vergangenheit zu bewahren versuchte, indem sie sich den Anstrich von Avantgarde gab, nahm sie die in Lack gefaßten Souvenirs mit sich hinab, all die in revolutionärer Heiligenverehrung verwahrte Zeit. Wie dieses Porträt V.s auf einer Lackdose, die ihm Generalsekretär Breschnjew überreichte. Aufgenommen scheint er hier in den zeitenentrückten Olymp gerontokratischer Halbgötter. Als wäre er eine jener wächsernen Leichen im Mausoleum der Zukünftigen, in altmodischen Anzügen auf dem Mythos der Weltrevolution thronend und verurteilt dazu, von nie erwachsen werden wollenden colatrinkenden Jungs auf dem Skateboard links liegen gelassen zu werden.

Russische Lackdose

Mit der Angel alleine am Schlachtensee, der sich hinter unserem Garten durch bewaldete Böschungen schlängelte, und alle Zeit noch bei mir. Die Pose schwebte in den sanften Wellen, über die das Sonnenlicht plinkerte, derweil sich unten, im Dunkel des Wassers, ein geheimes Drama abspielte, das nur gelegentlich jäh bis oben durchbrach: Dann erzitterte der kleine Schwimmer kurz, bevor er abrupt untertauchte, oder er schüttelte wenigstens ein zweites Mal zaghaft seine dünne Antenne.

Mit meinem unhandlich großen Finnendolch schnitt ich die Fische im Luftschutzkeller unseres (in der Nazizeit für Marine-Offiziere gebauten) Hauses auf. Aufgeklappt nagelte ich sie auf Bretter und bastelte so, wie ich fand, exzellente Präparate für das naturkundliche Museum, dem ich dort unten vorstand. Leider nur einen Tag, dann stank es bis in die Wohnung hinauf.

Wir gingen beide gerne angeln. So fing es an. Schon aus diesem Grund, um zu fischen, machten V. und ich uns häufiger miteinander aus dem Staub. Das Angelzeug zusammenzuhalten und zu pflegen, Ruten, Rollen, Schnüre, Köder und was sonst benötigt wurde, überließ er mir. Aus meiner Perspektive verzichtete er damit auf die Hälfte dessen, worum es ging.

Ob Angelgerät, Füllfedern oder Pinsel, man muß mit den Werkzeugen vollständig vertraut sein und sich ihre Gunst durch Aufmerksamkeit verdienen. Daran glaubte ich wenigstens, auch wenn V. sich für diese Weltsicht nicht die Spur interessierte und mit nüchternem Blick auf die Dinge allein am Fischen selbst Spaß hatte. Für ihn hatte es den Vorteil, daß ich mich schon von Anfang an um unsere Ausrüstung selbständig kümmerte.

Also ließ ich mich zweimal im Jahr von Georg Holly in den Wedding zur Deutschen Angelgeräte Manufaktur bringen. Zu Hause hatte ich mir genau überlegt, was wir brauchten, nun betrat ich aufgeregt den Verkaufsraum der traditionsreichen und für mich auch romantischen Firma. (Noch vor dem Krieg hatte sie sich der ehrwürdigen Elefanten des Zirkus Hagenbeck bedient, wenn das aus Japan eingetroffene Bambusrohr vom Hafen durch die Straßen ins Fabrikgebäude transportiert wurde.)

Bezeichnenderweise kam es nicht vor, daß V. meine Kaufentscheidungen kritisiert oder gar revidiert hätte. Stets wählte ich für ihn das etwas bessere Modell einer Rute oder Rolle als für mich selber. Und immer zahlte er anstandslos die Rechnung, die ich ihm auf den Tisch legte.

Vielleicht präzisierte sich beim gemeinsamen Fischen unser Gefühl dafür, wie wir miteinander umgehen konnten und das Nähe wie Abstand einschloß – eine Brücke zwischen uns, die bis ans Ende seiner Tage über alle Umstände und Unterschiede hinweg verläßlich stand. Auch über mehrjähriges Schweigen.

Es geht beim Angeln ums Geheimnisvolle, in das man eindringt, ohne es aufzulösen. Selbst wenn wir nie darüber sprachen, vielleicht berührte das seine Seele: Beim Angeln spielt sich nur die eine Hälfte des Geschehens oberhalb des Wasserspiegels ab, mehr ereignet sich im Verborgenen, in dessen gefährliche, unermeßliche, finstere Nässe man sich gleichsam mit dem Köder sinken läßt. Strafft sich die haardünne Schnur, der Nerv, um den man sich verlängert hat, spürt man durchs Wasser die Leere des Universums zittern. Beißt auch nur ein kleiner Fisch, durchströmt einen seine fremde Kraft, und in ihr das Leben.

Dieses Märchen vom Angler Willy Brandt, sagte der Anrufer im ironischen Tonfall dessen, der sich auskennt, diese Legende, die da all die Jahre verbreitet worden sei, untermauert von inszenierten Fotos und Filmaufnahmen, »... *man weiß ja, wie sowas gemacht wird.*«

Eine Ausstellung bereite er gerade vor, ließ er mich wissen, die verdeutlichen solle, wie mit manipulierten Bildern von Politikern Images kreiert werden. Da sei er auf ein gutes Beispiel gestoßen: Diese ganze Angelei habe es ja nie wirklich gegeben, alles bloß vorgetäuscht, nichts als Theater für die Kameras.

»Wer weiß was – oder wer will wen verschaukeln?«

Gewiß hatte V. für Fotos auch mit der Angel posiert. Ein Klischee war so genährt worden, sicherlich, da war ihm nicht zu widersprechen. Eines ohne weiteren Belang, weil es völlig gleichgültig ist, ob ein Politiker nun zum Fischen auszieht oder nicht. Wenn er mich aber schon fragte, mußte ich ihm sagen, daß Aufnahmen, die V. beim Fischen zeigten, selbstverständlich von der Wirklichkeit gedeckt sind.

Das war es aber nicht, was der Mann am Telefon von mir hören wollte. Die Enttäuschung, daß ich ihm seine schöne Enthüllung wieder zudecken mußte, war nicht zu überhören. Von dem, was ich ihm sagte, gab er zu verstehen, wollte er sich auch keinesfalls aus dem Konzept bringen lassen.

Die Ausstellung im Bonner *Haus der Geschichte* setzte einen dann, wie geplant, über das Märchen vom Angler Willy Brandt ins Bild. Und demonstrierte damit tatsächlich, wie man manipuliert: mit dem Klischee der Aufklärung.

Bevor ein eigenes Grundstück mit ein paar Holzhäusern darauf zum festen Ziel von Norwegenreisen wurde, mieteten meine Eltern dort oben wechselnde Feriendomizile. Wie jene Hütte auf der Insel inmitten eines ebenso tiefen wie unterkühlten Gebirgssees in Südnorwegen, die man nur mit dem Ruderboot erreichte.

Also ließen wir den Opel Rekord in diesem Sommer vor vierzig Jahren am anderen Ufer zurück. Obgleich wir längst noch nicht dort waren, wo für viele Norweger ihr Land erst ernstlich beginnt, waren Wasser wie Luft arktisch, und die Fische, die hätten anbeißen sollen, zogen es vor, am Grund des Sees auf besseres Wetter zu warten. Die Spaziergänge über das karge Eiland in Ölzeug, Südwester und Gummistiefeln boten außer dem Regen wenig Unterhaltung. Auch das Dünnbier änderte nichts an V.s schlechter Laune.

Da trieben wir beide nun, wenn es nicht gerade regnete, im Ruderboot auf der glänzenden Fläche des Sees über seine verschlossene Tiefe. Stumm hockten wir Tag um Tag beieinander, jeder nach seiner Seite des Kahns hinaus angelnd. Juli, vor kurzem erst war das Eis geschmolzen, und das Wasser hatte sich noch nicht nennenswert erwärmt. Vielleicht würde es dazu auch nicht mehr kommen bis zum nahen Winter. Doch vorher waren wir hoffentlich weg.

Kein einziger Biß in all den Tagen, es war klar, hier gab es nichts zu holen. Selbstverständlich braucht man nicht immer etwas zu fangen, aber ohne die leiseste Aussicht darauf wurde die Sache auf die Dauer eintönig. Nordlandliebe hin oder her, V.s Miene verfinsterte sich von Tag zu Tag. Er beschwerte sich nicht direkt, und auf die Idee, die Szene zu wechseln, kam er auch nicht. Aber in Ferien wie diesen, hatte ich den Eindruck, sah das Leben im ganzen trostlos für ihn aus. Zur Strafe nahm er es grollend hin und sprach statt wenig gar nicht mehr.

Ich weiß auch nicht, wie es geschah, seit wann war ich ungeschickt im Umgang mit der Wurfangel? Mein Blinker flog in die entgegengesetzte Richtung – dahin, wo V. saß. Haarscharf wischte der Drillingshaken an seinem linken Auge vorbei. Erstaunt sah er zu mir hinüber, auf seiner Wange zwei scharfe Linien und ein paar kleine rote Perlen.

Über die *Dämme* unserer Oase im verbotenen märkischen Sandmeer glitt das gestreckte Auto, in das Protokollbeamte des Rathauses mich zu ein paar Kindern Robert Kennedys gesteckt hatten, damit ich ihnen etwas erzählte über die Stadt und ihre Dämme. Was sollte ich ihnen denn sagen? Worüber? In welcher Sprache? Auf Deutsch, auf Norwegisch? Berlinernd? Was sollte ich der Dolmetscherin zu übersetzen geben, das sie nicht besser wußte? Was hatte ich überhaupt im Auto bei diesen fremden Kindern verloren? Sie sahen ja nicht einmal auf von ihren Comics, die sie die ganze Fahrt über kaugummikauend vor der Nase behielten.

Mit meinem Koffer-Grammophon zog ich an manchen Tagen durch die Siedlung. Ich klingelte an den Wohnungstüren und bot den Leuten an, ihnen für einen Groschen das Lied vorzuspielen. Zahlten sie, spannte ich die Feder und legte die schwere Schellackplatte auf. Dann brüllte Lys Assia durchs Treppenhaus: »O mein Papa war eine wunderbare Clown!«

Eines Morgens war es V., der schrie, und bei dem Treppenhaus handelte es sich um das in unserem eigenen Haus. Ein entsetzlicher, unerklärlicher Laut, der unvermittelt durch den Schlaf zu mir ins Kopfkissen drang. V. war mit einem Herzanfall auf den Stufen zusammengebrochen. Seitdem trug er mit Nitroglyzerin gefüllte Kapseln bei sich, ich wunderte mich nur, daß sie nicht explodierten. Wenn ihm dergleichen nochmal widerführe, solle ich – er holte seine silberne Pillendose aus der Westentasche – eine von diesen Kapseln anstechen und ihm den Inhalt in den Mund träufeln.

Berlin war für mich die Welt, und alle Welt schien mir nach Berlin zu streben – die Leinwandstars sowieso, wenn es wieder soweit war, und meine Eltern sich für die Eröffnung der Filmfestspiele die Abendgarderobe anzogen.

Berlin war meine Stadt, weil ich dort geboren wurde und aufwuchs. Mit meinen Freunden sprach ich im Dialekt. V., so sprachbegabt und musikalisch er war, brachte es nicht fertig, nur ein, zwei Worte so zu sagen, daß er halbwegs wie einer von uns klang. Trotzdem – noch mehr war es vielleicht seine Stadt: Er war der Bürgermeister. Wer, wenn nicht er, wußte, was dort gespielt wurde. Und als V. meine Schulferien einmal dazu nutzte, mir entlegene Ecken zu zeigen, staunte ich, wie groß sie war. Welche Expeditionen in unerforschtes Gebiet warteten innerhalb ihrer gefährdeten Mauern auf mich.

Sein Chauffeur lenkte den Dienstwagen (V. selber hatte nie den Führerschein gemacht, behauptete aber, fahren zu können und hatte es angeblich sogar in der Übergesetzlichkeit des Besatzungsregimes nach dem Krieg kurzzeitig getan) zu verschlafenen Flecken wie Lübars oder Steinstükken, wo von der Großstadt nichts mehr zu spüren war und ich mich auf dem Land wähnte. Daß V. dabei nicht nur mich und meine Kenntnis der Stadt im Blick hatte, sondern in seiner belagerten Festung Flagge zeigen wollte, ging mir erst später auf. Es stört mich nicht. Diese Ambivalenz zwischen privaten und beruflichen Absichten war immer gegeben.

Kurz nachdem V. Anfang der 60er Jahre in New York mit Tam-Tam und Konfetti begrüßt worden war, kam zu uns nach Hause ein Paket aus Amerika mit einem Haufen gebrauchter Schlipse darin. Mindestens 50 Stück. Ich weiß nicht warum, jedenfalls reichte V. den Karton umstandslos weiter. Mir.

Post vom Mars? West-Berlin war eine Stadt grauer Häuser, und die Kleidung der Menschen, die dort wohnten, paßte fugenlos zu den Steinen. Nur mit Mühe stellt sich heute noch die Erinnerung daran ein, wo ein einzelner Turnschuh mehr Leuchtkraft hat und die Vierfarbtätowierten ihre Haut über den Catwalk der Fußgängerzonen tragen.

Damals waren diese unguten Krawatten in dem Karton Konterbande aus einem anderen Kosmos, sie trällerten in allen Fehlfarben, wenn nicht des Regen-, dann irgendeines anderen Bogens am Himmel oder in der Hölle. Ihre Dessins erinnerten mich an das, was in meinen Micky-Maus-Heften als moderne Kunst verspottet wurde. Unmöglich, mich dem Zauber zu entziehen, der von den schundigen Lappen ausging. Leichter Ekel machte die Sache nur noch interessanter.

Alte Schlipse oder Elefantenzähne, die Frage, was sich wirklich hinter diesen surrealen Geschenken verbarg, wurde niemals beantwortet, typischerweise nicht einmal gestellt. V. amüsierte sich in unverbindlicher Kürze, als gehörte es irgendwie zu einem Leben wie seinem, solche Pakete zu erhalten, und dann landete der Krempel bei mir. Der Rest blieb im Trüben, unten am Grund des Sees.

Altverbindliche Formen hatten wenig Einfluß auf unser Leben. Bisweilen blieb schemenhaft, wer darin welche Rolle spielte. Dieses Stück, in dem wir uns bewegten, arbeitete nicht die Last festgefügter und verästelter Verwandtschaftsverhältnisse und Familientraditionen auf, es hatte eine modernere Ausstrahlung, war dafür bisweilen ein wenig blutleer und vage, auch wenn man mittendrin saß. Die Geheimniskrämerei um den Großvater war Dunst zwischen Nebelbänken, in denen sich auch sonst weniges plastisch abzeichnete. Meine Eltern signalisierten, es lohne nicht, sich um derlei zu kümmern. Das einzige, was sie insofern nicht nebensächlich fanden, waren sie selber.

So fiel es niemandem ein, mir zu erklären, wer von uns in welcher Beziehung zu einem Mann stand, der von uns Kindern als Onkel tituliert wurde, was eigentlich nichts bedeutete, weil damals jeder zweite männliche Erwachsene so angesprochen wurde. Aber vielleicht war dieser ja wirklich irgendeinem von uns als Pate zugeordnet – am Ende gar mir?

Dieser freundlich-strenge Herr, wer immer er war, versah eine Zeitlang das Amt eines Berliner Senators für Bundesangelegenheiten. Dabei entsprach er kaum dem, was man sich weithin unter einem sozialdemokratischen Politiker vorstellte, einen Hagestolz sicher nicht, mit einer Ritterburg, Gewehren, zwei Dackeln, die ihn auf die Jagd begleiteten, und Leibeigenen – seinem Chauffeur, dem es auch oblag, die Gewehre zu putzen, während die Sekretärin das Leben von Herr und Hunden in geregelten Bahnen laufen ließ. Dienst und Privatleben, Arbeitszeit und Feierabend waren nicht einmal ansatzweise getrennt. Indes seine Leute nur vom Senator sprachen, wenn ihr Chef gemeint war, blieb V. als Bürgermeister für sie schlicht Herr Brandt.

Alte Frauen mit cognacbohnenartigen Hüten saßen in Cafés und gabelten staubige Torten in sich hinein, während ihre Männer froh sein konnten, wenn sie eine *Herva mit Mosel* zu trinken bekamen. In graubraunen Kneipen kippten Einarmige mit einer Overstolz im Mundwinkel Klare für ein paar Pfennige. Berlin.

Die Sommerferien führten (durch das feindliche Territorium) aus der Stadt hinaus, kaum einmal ans Meer, sondern in die Berge Bayerns, Tirols oder der Schweiz. V. und ich fischten Bachforellen. Auch andere profitierten schon mal von unseren Fängen. »We still remember the gift of trout you caught eigenhändig while in Alpbach«, schrieb noch Jahre später aus London in einem Gruß an V. Arthur Koestler, der eines Sommers in dem Tiroler Ferienort ein paar Häuser weiter logierte, zum Dank für die Fische, die wir ihm abgaben.

Immer öfter allerdings ging es nach Norwegen. Ich sehnte mich nach Frankreich oder Italien, wo mir allwaltende Wohlanständigkeit weniger das Problem zu sein schien. Ich wollte dorthin, wo schneidige Typen samt ihren hübschen Schlampen was von sich hermachten und zwischen zwei höllisch starken Kaffees rasch mal einen Pernod kippten, der ihnen die Zunge ölte, statt sie zu lähmen.

Auf der Fähre, die zwischen Deutschland und Norwegen pendelt, fielen aus Oslo kommende Passagiere auf, denen es gar nicht in den Sinn kam, das Schiff in Kiel zu verlassen. Sie wollten nicht nach Deutschland, sondern an die Schiffsbar. Aber sogar noch in den 8oer Jahren lief mir auf dem Boulevard Karl Johan ein landesbekannter Bildhauer über den Weg und schwärmte von seinem wunderschönen Weihnachtsfest: Er alleine mit einem ganzen Kasten Bier unter dem Tannenbaum.

Die charakteristische Melodie, die sein Sprechen kennzeichnete, hatte er aus Skandinavien mitgebracht. Sein Norwegisch war von dem der Osloer nicht zu unterscheiden. Etwas von diesem Klang übertrug er auf jede Sprache, auch das Deutsche.

Zu Hause verständigten sich meine Eltern meist norwegisch, und wie wir Kinder angesprochen wurden, fiel uns gar nicht auf. Wir bedienten uns des Berlinischen. Die Freunde aus Emigrationszeiten, die damals zu uns ins Haus kamen, redeten häufig irgendein Kauderwelsch, Stock und Stein mehrerer Sprachen überspringend, hin zu etwas, das von sich allenfalls kühn behauptete, eine Art Deutsch zu sein oder Norwegisch oder Schwedisch – oder wer weiß was. Bei Dänen konnte ich nicht beurteilen, was sich wie mischte, es hörte sich immer an wie beim Zahnarzt.

Ein Zufall sorgte dafür, daß mir später in Bonn eine junge Schwedin begegnete, die als Kind in Afrika gelebt hatte, wo ihr ein Äffchen gehörte. Bis ihre Eltern es meinen schenkten, die es bedenkenlos annahmen. Sie steckten den Affen in eine Reisetasche und brachten ihn mit nach Deutschland. Ich weiß noch, wie sich das dünne, haarige Ärmchen aus dem Dunkel der Tasche reckte, als ich auf dem Vorfeld des Flughafens Tempelhof im Fond von Hollys Mercedes den Reißverschluß aufzog.

In Schlachtensee saß der Affe dann bei uns vor dem Wohnzimmerfenster auf der Heizung und bibberte. Eine Banane schälten die winzigen grauen Affenfinger mit den noch winzigeren Fingernägeln schneller, als man sehen konnte. Er aß gerne Rosenkohl, den er zwischen den Händen drehte, wenn er heiß war, während sein Mund daraufpustete, und dann erleichterte er sich auf den Rippen des Radiators, das strenge Aroma zog schneidend durchs Haus.

Damals hatte V. noch eines der großen Zimmer für sich. Für den Affen wurde ein Käfig in Auftrag gegeben, ein Schrank mit einer Glasfront. Dieses Gehäuse war natürlich viel enger und karger, als es seinem bisherigen Leben – erst in Kenia, dann bei uns auf der Heizung – entsprach. Der Affenstall bekam seinen Platz im Arbeitszimmer von V., der es sich gefallen ließ. Dort hörte der Affe nicht mehr auf zu schreien und kam nach einigen Wochen in den Zoo.

Tiere hätten eine Brücke zur Welt sein können. Aber sie waren nur staunende Zeugen außerhalb jenes Aquariums, das uns beherbergte. Von allen unseren Tieren wurde die Katze am wenigsten Teil unseres Lebens. Sie brauchte sich kein Menjoubärtchen anzukleben, sondern ließ sich einfach keine Rolle zuweisen in dem experimentellen Theaterstück, das unser gläsernes Haus mit leeren Blicken und wenig Worten füllte.

Es gab sie eines Tages, eine schöne Siamkatze mit hochtrabendem Namen, der sofort durch einen schlichten norwegischen ersetzt wurde, den die meisten Deutschen ebenso falsch aussprachen wie jenen des zur Kahlheit neigenden Pudels, eines Preßsacks auf vier Beinen, der seine Zeit mit wütendem Gekläffe vor dem Sessel verbrachte, weil er den Sprung hinauf nicht mehr schaffte. V. machte sich am meisten aus dem Papagei, der sich von ihm Erdnüsse anreichen ließ und stetig daran arbeitete, mit seinem winzigen Kehlchen die rauchige Stimme seines Herrn zu reproduzieren.

Dieser Graupapagei, der über geradezu unheimliche stimmimitatorische Fähigkeiten verfügte, so daß selbst der Hund aufhorchte, wenn das Hausmädchen ihn zu rufen schien, in Wahrheit aber nur der Papagei sein Spiel trieb, war ausdrücklich sein persönlicher Besitz. Als er einmal entflogen war und sich nach einigen Tagen mit lautem Geplapper auf einem Baum in der Nähe bemerkbar machte, kletterte V. auf eine Leiter, und von ihm ließ sich der Vogel auch bereitwillig zurück in die Gefangenschaft holen.

Er nahm ihn trotzdem nicht mit, als er auszog. Meine

Mutter behielt ihn auch nicht. Papageien werden alt. Als ich zuletzt etwas über sein Schicksal hörte, hieß es, er lebe irgendwo im norwegischen Hinterland. Ich stelle mir vor, wie das Brummen meines Vaters über einen Fjord streicht oder die helle Stimme eines Kindchens verselbständigt im Fjell noch immer ihr Echo sucht.

Für Militärparaden waren die Truppen der Amerikaner, Franzosen und Briten zuständig. Da es in West-Berlin statusbedingt keine Bundeswehr gab, fiel der Polizei auch die Aufgabe zu, den Mangel an eigenem militärischem Tamtam halbwegs auszugleichen.

Dazu diente das Sportfest der Polizei, die alljährliche Demonstration eingedrillter Fertigkeiten, die mit den Anforderungen des Polizeidienstes kaum etwas zu tun haben konnten und aus einzelnen Menschen kollektive Ornamente formten. Schäferhunde wühlten sich durch lange Stoffschläuche, die schlaff auf dem Rasen des Olympiastadions lagen. Unglaubwürdig viele Beamte im Lederwams türmten ihre Leiber über dem Sattel eines einzigen Motorrads zu einer Pyramide auf, die würdevoll im Schrittempo über die Aschenbahn zog. Und zum Schluß gab es einen Zapfenstreich, bei dem sich die lodernden Fackeln in den polierten Tschakos spiegelten, und das Publikum auf den Rängen hielt dazu kleine Kerzen in die Nacht.

Sicherlich hatte es am selben Ort derartige Vorführungen schon früher gegeben. Und von eben dieser Tribüne seines frisch errichteten Stadions aus, wo inzwischen wir saßen, war einst Hitler der Olympiade gefolgt, aber das malte ich mir nicht aus. Auch V. fand es nicht der Erörterung wert. Vielleicht empfand er stille Genugtuung.

Mein Jahresablauf als Sohn des Bürgermeisters wurde von Ereignissen wie diesem markiert. War es wieder soweit, fuhren wir zu den martialischen grauen Bauten, dem Stadion, den Messehallen am Funkturm, wo sich statt der Poli-

zisten dicke Schweizer Käse auftürmten, und überall dorthin, wo das alljährliche Erscheinen, am besten in Familien-
begleitung, zu V.s Amtspflichten gehörte.

Die Beachtung, die einem durch V.s Stellung im öffentlichen Leben zuteil wurde, hatte Vor- und Nachteile. Sie
trennte mich von anderen, aber sie bewirkte das teils durch
Privilegien. Welcher meiner Freunde bekam Pakete von Tif-
fany geschickt, mit einer Silberdose darin, graviert: *L. B.
from J. F. K.*?

Im Garten seiner Dienstvilla stand der amerikanische Stadtkommandant und hielt das Streichholz unter einen Feuerwerkskörper. V. trank seinen Highball ebenfalls draußen, wo er die Handgriffe des Generals verfolgte. Und ich war zwölf. Neben mir hatten sich andere Gäste der Silvesterparty vor das Panoramafenster gestellt. Wir schauten hinaus in die Schwärze der Dahlemer Nacht. Noch regte sich da draußen wenig, jedenfalls keine himmelsstürmenden Raketen und fauchenden Feuerräder.

Dann knallte es wenigstens schon einmal auf dem Rasen, und Qualm zeichnete sich in der Dunkelheit ab. Der Rauch ließ den General verschwinden. V. sprang auf ihn zu und schleuderte den Inhalt des Glases in seine Richtung. Der Amerikaner schaute verdutzt, dann klopften sie beide auf seiner noch ein wenig dampfenden Smokingjacke herum. Nachdem der erste Schreck verflogen war, schienen sie ihren Spaß zu haben.

Als sie hereinkamen, hörte ich sie mit lauter Stimme ihre unverständlichen, englischen Witze machen. V. und der General bogen sich vor Lachen, derweil der zerfetzte Smoking angekokelt und nach Whisky roch. Keine schlechte Mischung.

Mr. Moonlight, sangen die Beatles in meinem vierzehnjährigen Kopf. V. nahm mich, wie schon vier Jahre zuvor, mit auf Wahlkampfreise. Mitte der Sechziger waren die Schienen noch holprig, über die der Zug nicht gedämpft schwebte, sondern eisenmäßig ratterte, von einer Stadt zur nächsten. Journalisten und Fotografen fuhren mit. Rauchen. Trinken. Lautes Männergelächter im dichten Zigarettenqualm, der die Sonderwagen füllte.

Nachts wurde unser Zugteil mit demselben Salonwagen, der auch schon Göring durchs Land geschaukelt hatte, meist abgekoppelt und kam dann für einige Stunden irgendwo auf einem Abstellgleis zur Ruhe. Wenn das monotone Gerappel der Räder plötzlich ausblieb und in meinen Ohren eine Lücke hinterließ, aus der auch die Beatles sich verzogen hatten, schreckte ich davon aus dem Schlaf.

An einem sonnigen Vormittag hielten wir auf einem stillen Gleis im Abseits. V. stieg mir voraus eine kleine Treppe hinab, die ein Zugbegleiter unter die Tür gestellt hatte. Der Chauffeur wartete schon, unsere Angeln im Kofferraum.

»**Wir sind** Filmschaffende«, rief einer von uns zu meiner Überraschung, und ich dachte: Gar nicht so schlecht. Die Grenzkontrolleure wollten wissen, was wir vorhatten. Unser Bus überquerte die Grenze nach Polen, das ich irgendwo in der Ferne gewähnt hatte und das nun aber gleich nebenan lag. Die DDR war für mich unbekanntes Territorium, von dem ich nur die Transitstrecken kannte, die West-Berlin und das Bundesgebiet verbanden. Richtung Osten führte keine.

Filmschaffender. Gerade war ich fünfzehn geworden. Die Dreharbeiten zu dem Spielfilm *Katz und Maus* waren kein Scherz und deswegen ein Spaß. Es war wirkliche Arbeit, zum ersten Mal in meinem Leben. Die Anspannung, wenn die Kamera lief, und der Leerlauf in den Pausen ergaben eine kräftezehrende Mixtur, die mir schmeckte. Ich war auf mich gestellt. Vom Bauernmarkt holte ich mir ein Küken, das ich Hartmut taufte und auf meinem Zimmer im spartanischen Seemannsheim zu Gdingen unterbrachte. Inmitten einer leicht hysterischen Gemeinschaft von Leuten, von denen jeder wußte, was er zu tun hatte. Alles ergab sich aus nur einem Ziel: Den Film zu drehen und ins Kino zu bringen.

Eine Szene, in der ich mit einer Badehose bekleidet einen grotesken Tanz hinlegte und dabei mit einem Ritterkreuz wedelte, löste später einen Skandal aus. *Zwanzig Jahre sind genug*, eine damals viel zu hörende Parole, hatte für die noch reichlich vorhandenen und überhaupt nicht kleinlauten Nazis mehr als symbolischen Charakter. Daß ich mich erfrechte, ein ihnen heiliges Symbol zu schmähen, sorgte nach der Premiere des Films für Aufregung. Es hagelte Beschimp-fungen in der Presse, und Briefe ohne Absender verspra-chen mir Saures.

V. wurde ebenfalls attackiert, weil er mein Treiben zuge-lassen hatte. Er wußte schon, was er tat. Der ganze Film – wie die Novelle, auf die er zurückging – war natürlich bestens geeignet, Altnazis aufzuregen. Es war schwer vor-stellbar, daß V. sich unbedacht in eine Lage manövriert hatte, die durch meine Tanzparodie mit dem Kriegsorden höchstens etwas zugespitzt wurde. Ich nahm an, der ganze Rummel war von ihm und seinen Beratern einkalkuliert. Sie waren nicht von gestern. Außerdem bot sich so ein neues Mal gute Gelegenheit zu beweisen, wie liberal und weither-zig er sich im eigenen Haus verhielt.

Der Film lief auch im Ausland. Der italienische Regisseur Roberto Faenza rief an, bat mich zu Probeaufnahmen nach Rom. Ich reagierte verhalten. Ich wollte ja nicht Schauspie-ler werden. Ich solle trotzdem auf jeden Fall kommen, wir müßten alles in Ruhe besprechen. In den Studios von Cine-città wurde ich in Ketten gelegt, aus denen ich mich dann zu befreien hatte. Zwei, drei Tage lang zog Faenza mit mir durch die Stadt und die Szene. Von Rom aus flog ich nach Norwegen: V. überließ die Entscheidung, ob ich nach Italien gehen und die Schule abbrechen wolle, mir. Ich schickte ein Telegramm mit meiner Absage nach Rom.

Arbeiterkinder im Matrosenanzug wurden zu Kaisers Zeiten bestimmt nicht oft in Öl porträtiert. Auch dieses Bild ist keine Ausnahme. Es entstand erst viel später. Auch formal läßt es die Vergangenheit aufleben. Das Bild ist wenig pastos auf einer nicht besonders dicht gewebten Porträtleinwand gemalt, weshalb die weiße Grundierung, stellenweise auch das Blau der Kleidung und das Grün des Hintergrunds rückseitig durchschlagen. Die Leinwand ist seitlich mit Blaustiften aufgespannt, und zwar nicht auf einem Keilrahmen, sondern auf einer rechtwinklig verleimten Konstruktion aus Leisten, die nicht abgeschrägt sind und deren Kanten sich deshalb an einigen Stellen neben Spuren einer früheren Einrahmung auf dem Bild abzeichnen. Seine Farbigkeit aus dunklem Blau, gedeckten Olivtönen, dem Elfenbeinkolorit des Stuhls, dem Weiß der Kappe gibt mit dem mittelblonden Haar, der Messingschnalle des Gürtels, den mittleren Brauntönen des Spazierstocks und der Stiefel eine Mischung, die die Atmosphäre der zehner Jahre des letzten Jahrhunderts vielleicht ganz gut trifft und schon Neusachlichkeit anklingen läßt. Das Porträt zeigt V. mit drei oder vier Jahren, zugrunde liegt ihm ein schwarzweißes Foto, das der Maler kannte, vielleicht sah er es in einer Zeitung. Die Darstellung der Haut und besonders des wie geschminkten Gesichts erinnert an Postkarten mit marzipanhaften Kokotten. Der türkische Maler hat das Porträt mit Süßreserve zu schönen versucht, wo die Vorlage seiner Phantasie vom kleinen V. – Herb. – nicht genug hergab. Murat, der V. nie begegnete, schickte ihm das Bild mit der Post.

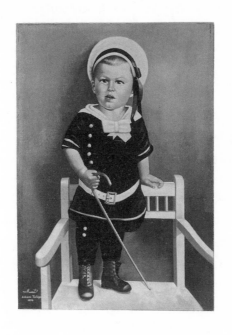

Gemälde von Murat

Der Kopf der Tabakpfeife brachte den Aschenbecher nicht mehr zum Klingen, wenn er sie ausschlug. V. rauchte jetzt fast nur noch Zigaretten, in unüberschaubarer Menge, ganze Packungen während zweistündiger Sitzungen, wie er, selber erstaunt, verriet. Später zusätzlich Zigarillos, deren Rauch er ebenso gierig inhalierte. Hatte er sich abends doch einmal eine Pfeife gestopft, um auch ihren dicken Qualm genüßlich tief in die Lunge zu saugen, schepperte es danach nur noch trocken, wenn er sie in seinen Drehaschenbecher leerte. Dessen unkomplizierter Vorläufer aus Messing fand sich nach dem Umzug in unser letztes Berliner Haus ebensowenig auf V.s Schreibtisch wieder wie das stilisierte Rentier.

Der Tisch selber war ein anderer, bezogen mit goldverziertem, schwarzem Leder, eine Antiquität, nicht wie der vorherige eine schlichte, massivhölzerne und standfeste Schreinerarbeit, die dazu bestimmt gewesen war, unerschütterlich dem Hämmern der Schreibmaschine zu trotzen. V. schrieb inzwischen fast nur noch mit der Hand. Für die seltenen Ausnahmen hatte er sich eine kleine, moderne Reiseschreibmaschine zugelegt. Andere technische Hilfsmittel nutzte er auch später nicht. In der Regel benutzte er Filzstifte, in Schwarz und noch öfter in Chef-Grün. Sein Bürgermeister-Füller mit dem in die Kappe gravierten Berliner Bären lag unbenutzt in der Schublade.

Einzig der kleine bronzene Kennedy-Kopf und ein Teil seiner Bücher hatten es hinüber ins neue Zimmer geschafft. Das war nun keine Schreibklause mehr, voller Tabakschwaden, in die ab und zu ein Besucher eintauchte, mit einer hölzernen Tür, die er hinter sich dicht ins Schloß zog. Jetzt zitterte eine Glastür, wenn man auftrat, und ihre Flügel standen offen wie das Revers eines Jacketts. V.s Zimmer war ein Appendix von Wohnzimmer und Wintergarten.

Nachdem wir dort im Grunewald drei Jahre verbracht hatten, kam der Umzug nach Bonn in ein größeres Haus, und den Schreibtisch im französischen Stil ersetzte ein kompakteres englisches Modell – mit olivgrünem statt schwarzem Leder – aus zwei mittels einer Platte verbundenen Schiffskommoden, das er nicht mehr auszutauschen brauchte, wenn seine Zimmer im Lauf der Jahre stetig bescheidener wurden. Ich fragte mich nach dem geheimen Zusammenhang, der da bestehen mochte, wenn der Entfaltung von Macht und Pracht wachsende Enge seiner persönlichen Räumlichkeiten als Zerrbild von Intimität gegenüberstand.

Sah V. in Bonn aus seinem Dachfenster, ging sein Blick nicht zu den Blutbuchen des Parks hinter dem Haus, sondern über die Ödnis eines asphaltierten Garagenvorhofs. Manchmal belebte er sich, wenn an langen Abenden die Chauffeure rauchend in den geöffneten Türen ihrer schwarzen Mercedes-Limousinen hingen und über ihre Chefs, etwa ihn, den *Alten,* lästerten. Aber dann gewahrte er auch das nicht, denn dann war er selber unten, Gastgeber der Gesellschaft. Wo die Lichter funkelten, die Stimmen sich mischten und Kellner umherschwirrten, um die Gläser der über die neuesten alten Witze lachenden Gäste aufzufüllen.

Doch gleich ob V. alleine in seiner Klause war oder mit wem und wo auch immer – wie irgendwann der Mannschaftswagen mit Grenzern über den Waldweg rollte, sich dem Grundstück von hinten nähernd, der Wachmannschaftsbaracke, das blieb ihm verborgen. Das Stampfen auf der Stelle tretender Stiefel war nicht die Musik seiner Nacht. Welche Töne hörte er, wenn alles still schien?

In meinem evangelischen Gesangbuch, durch den Schriftzug *Silk Therror* als mein Besitz gekennzeichnet, prangt ein Loch. Der unansehnliche schwarze Plastikeinband schien mir als Zielscheibe geeignet, also legte ich eines Tages mit dem Luftgewehr auf das Kreuz an.

Weihnachten war, wenn aus Israel eine Kiste mit Orangen und Pampelmusen eintraf, aus Tunesien eine Lederschachtel Datteln und aus Lübeck eine Marzipantorte mit dem Holstentor darauf. Während in der Küche das Nötige geschah, die Gans im Ofen kross wurde und der Rotwein geöffnet bereitstand, ging V. einmal im Jahr, am Heiligabend, zur Kirche. Ich begleitete ihn. Nebeneinander auf der Bank sitzend, brummten wir leise die Weihnachtslieder mit.

Ich fragte ihn einmal, was er glaube. Er antwortete knapp, hinter jeder Frage tauche eine weitere auf.

Pädagogische Impulse zeigte er kaum. Wo doch einmal, geschah es in einem so beiläufigen Stil, daß ich manchmal erst später dahinterkam, was er vielleicht hatte vermitteln wollen.

Mit meinem Freund, dem Hirten mit dem Menjoubart, brach der Kontakt nicht ab, als ich nach Bonn umzog. Ich weiß noch, wie er aus Berlin anrief und mir ungeachtet der für solche Gespräche damals noch horrenden Telefonrechnung über eine Stunde von Lachen geschüttelt aus dem *Gargantua* vorlas. In den nächsten Ferien kam er mich in Bonn besuchen.

V. überraschte mich mit dem Vorschlag, für zwei Tage mit uns beiden einen Abstecher nach Frankreich zu machen. Wir übernachteten in einem stimmungsvollen Grand Hotel, wo die Reste vergangener Pracht von den Wänden blätterten. Am nächsten Morgen konfrontierte er uns mit dem unüberschaubaren Gräberwald auf den Hügeln bei Verdun, wo sich das Töten des Ersten Weltkriegs in die Landschaft geschrieben hat. V. sagte nicht viel dazu.

Mit einem Mann, der niemals die Kinderzimmer seiner Söhne aufsuchte, konnte er sich nicht vorstellen, befreundet zu sein – so *Spiegel*-Herausgeber Rudolf Augstein in einem öffentlichen Gespräch auf die Frage, ob er und V. Freunde gewesen seien. Zwei antipodische Männer. Ich selber fühlte mich nicht dadurch verunsichert, wie V. sich verhielt.

Später, als ich erwachsen war, kam er vorbei. Aber da war die Zeit für Kinderzimmervisiten verstrichen. Als Student hatte ich zeitweise eine Wohnung im selben Haus, direkt unter seinem Zimmer. Dort ließ er sich sehen. Er registrierte meine Bücher.

»Schöne Regale«, meinte er etwas hilflos, »hast du dir machen lassen.« Besonders wohl fühlte er sich nach wie vor nicht, da bei mir im Sessel, zwischen der Staffelei und dem Schreibtisch. Seine Augen strichen umher, als suchten sie die Sicherheit, die ihm ein wirklich fremdes Milieu vielleicht eher gespendet hätte. Ich wunderte mich, aber ich glaube, es störte mich nicht weiter, wenn er mir *Lars mit guten Wünschen – Willy Brandt* in ein frisch erschienenes Buch von ihm geschrieben hatte – als kennte er mich nur flüchtig. Das war eben sein Stil, fand ich, und stand der Sympathie zwischen uns nicht im Weg. Sie suchte sich ihren eigenen, unterschiedlichen Ausdruck. Aber nicht in körperlicher Nähe. Kindheitserinnerungen, in denen er mir über die Wange oder das Haar strich, habe ich nicht. Küsse gab es schon gar nicht. Erst viel später, als wir uns nach langer Zeit wiedersahen, weil er mir Nachricht gab, daß er sehr krank war, schmolz der glaziale Abstand, und wir umarmten uns.

Wer von ihm wollte, was von ihm nicht zu erwarten war, fühlte sich zwangsläufig unwohl mit V. Stand ihm der Sinn danach, bewegte man sich auf einer Ebene, konnte er einem sogar ein Gefühl der Nähe, der Vertrautheit, der Verläßlichkeit geben. Allerdings mußte man mit seiner Ausdrucksweise zurechtkommen. Immer wieder fühlten sich Menschen tief enttäuscht, wenn er Emotionen wachrief, ohne ihnen wirklich zu antworten. Mir gefiel die Basis unseres Verhältnisses nicht schlecht: V.s Leben war seines, und meines gehörte mir. Eigentlich traf sich sein Verständnis der Rolle eines Vaters mit meiner Sicht der Angelegenheit als Sohn.

Allerdings färbte auf sein Wesen in wirklich erstaunlichem Maß stets etwas von dem ab, das ihn umgab – was ihm zugutekommen konnte und beispielsweise dafür sorgte, daß seine Auslandserfahrungen der Emigrationsjahre starke Spuren nicht nur in sprachlicher Form hinterließen. So einsam und in sich gefangen er blieb, wirkten in ihm doch starke osmotische Kräfte. Mit der Kombination, die sich auf diese Weise ergab, mußte man klarkommen – konnte es auch.

Die Dienstvilla des Außenministers auf dem Bonner Venusberg, in der V. auch als Kanzler wohnen blieb, war deutlich größer als das alte Haus im Grunewald – erst recht im Vergleich zu dem Halbhaus in der Marinesiedlung am Schlachtensee, an dem jetzt eine Plakette klebt. Für ihn persönlich hingegen zeichnete sich eine konsequent gegenläufige Tendenz ab, was seine eigenen Räume betraf.

Dieses neue Haus hatte drei weitläufige Ebenen, zwei davon bewohnten wir. Im Parterre wurden Gäste empfangen. Wenn sie kamen, warf sich unser Hausmeister in einen schwarzen Anzug, der gut zu seinen weißen Haaren und Koteletten paßte. Etwas Zeremonielles, Unpersönliches zeichnete ihn überhaupt aus. Ich entsinne mich nicht, daß wir beide jemals ein verbindliches Wort gewechselt hätten.

Ich etablierte mich im hintersten Winkel des Dachstocks, und wenn ich nicht wollte, brauchte ich tagelang niemanden aus der Familie zu sehen. Mit eigener Telefonnummer und gesondertem Bad war ich ziemlich autark. V. und ich wohnten genau übereinander, er im ersten, ich im zweiten Stock.

Wenn er depressiv das Bett hütete und Egon Bahr den langen Gang zu ihm beschritt, vorbei am Wohnzimmer, der Küche und dem Zimmer meiner Mutter, war das eine der seltenen Gelegenheiten, zu denen der Hausmeister sich den Backenbart kämmte, eine Flasche Wein aufs Silbertablett lud und den Butler gab. Sonst enthielt er sich aller privaten Dienste. Er war eine Art Amtsperson, die sich allenfalls um V. kümmerte, insofern er ein Staatsorgan war und seine Gäste dadurch auch offiziellen Status erhalten konnten.

Der Hausmeister und seine Frau gaben einem das Gefühl, eigentlich nicht in dieses Haus zu gehören, in dem sie
seit langem Dienst taten, bereits unter V.s Vorgängern. Bis
sie in Rente gingen, wohnten sie in zwei Dachstuben. Für
die nachfolgende Hausmeisterfamilie wurde neben dem
Haupthaus ein eigener Bungalow errichtet, der kaum auffiel, denn das Grundstück war ziemlich groß.

In die leergewordenen Räume der alten Hausmeister-
wohnung zog jetzt V. Auch nach gründlicher Umgestaltung
blieb sie eng. Nicht ungemütlich, aber alles andere als eine
angemessene Unterkunft. Auf Reisen stieg der Kanzler in
prächtigen Hotels oder Gästehäusern der Länder ab, die er
besuchte. Und wenn er heimkam, warteten seine Kämmer-
chen. Eine seltsame Stimmung ging von diesem Gegensatz
aus. Absurditäten drückten seinem Leben ihren Stempel
auf, der auf alle abfärbte, die damit zu tun hatten, weil über
nichts gesprochen wurde.

Abends, wenn V.s Autokolonne auf dem Venusberg vorfuhr, nahm der Hausmeister, der bei dieser Gelegenheit mit dem Chauffeur und den Polizisten plauderte, ihn in Empfang. Im Porsche, der die Spitze bildete, und im zweiten Mercedes hinter dem Chefwagen saßen wechselnde Beamte aus der Sicherungsgruppe des Bundeskriminalamtes. Der markig auftretende Oberleibwächter hatte seinen Platz neben dem Chauffeur. Er schnellte vorne aus V.s Wagen und riß die Tür zum Fond auf.

Seine Bewacher hinters Licht zu führen, stellte wahrlich kein allzu großes Kunststück dar. Wollten wir sie einmal loswerden und unter uns sein, duckte sich V. so in meinen Volkswagen, daß er nicht bemerkt wurde, wenn ich – mit kurzem Winken zum Dank für das Öffnen des Tors – an der Eingangswache vorbeifuhr. Nicht oft, aber ein paarmal schon, stahl er sich so mit mir davon, und dann gingen wir in irgendein Restaurant wie andere Leute auch, ohne daß an einem Nebentisch auffällig unauffällige Polizisten saßen.

Ohne Unterlaß hätte ich mir Wettkämpfe ansehen können – die Freikarten zu allen Stadien und Hallen lagen parat.
Aber da ich mich nicht für Sport interessierte, kam ich nur
für wenige Tage an den Starnberger See, wo V. während der
Olympischen Sommerspiele 1972 ein großes Haus zur Verfügung stand. Von dort aus waren mit dem Helikopter oder
dem Auto alle Sportstätten leicht zu erreichen. Auch für
mich stand ein Wagen bereit. V. wunderte sich aber nicht,
wenn ich die Zeit lieber in Museen und den Schloßanlagen
von Nymphenburg verbrachte, statt in die allgemeine Be-
geisterung für Muskelkraft und Turnhosen einzustimmen.

Auch ein Theaterstück von Max Ernst hatte in dieser
Woche in München Premiere. Surrealismus in der Literatur
fesselte mich mehr als in der Malerei. Bei der anschließenden Party mit der Münchener Gesellschaft interessierte sich
der weißhaarige Künstler dann sogar für meine Ansichten
als junger Maler und erzählte witzig aus seinen eigenen
frühen Jahren in Paris.

Manchmal schaute ich übrigens doch im Olympia-
stadion vorbei. Eine von den jungen Frauen, die einem den
richtigen Platz auf der Ehrentribüne zeigten, sah ich ein
paar Jahre später in einer Zeitung als schwedische Königin
abgebildet.

Eine Schallplatte dichtete V. eine Vorliebe für Brahms an. Das blieb mir im Gedächtnis, weil dieses sogenannte *Kanzlerkonzert* angebliche Lieblingsmusik gleich aller vier deutschen Bundeskanzler, die es bis dahin gegeben hatte, versammelte. Schwer genug sich vorzustellen, daß es vielleicht tatsächlich ein paar Enthusiasten gab, die sich für den Musikgeschmack eines dieser Politiker interessierten. Auf die Idee, jemand sei ein solcher Fan gleich sämtlicher Kanzler aus allen Parteien, mußte man erst einmal kommen.

In Wahrheit war Musik in V.s Leben nicht von Belang, gelegentliche Konzerte, die er besuchte oder sogar im Kanzleramt veranstalten ließ, ändern nichts an diesem Eindruck. Wann hätte er für sich eine Schallplatte aufgelegt? Er spielte kein Instrument, und im Unterschied zu Angelruten besaß V. auch keine Mandoline – seit ich nämlich im Alter von acht Jahren das aus grauer Vorzeit übriggebliebene hohle Holz auf dem Kopf meines Bruders zertrümmerte, der es aus allerlei anderem Gerümpel auf dem Dachboden hervorgezogen hatte.

Kleidung ist auch Sprache. Mit reichem Vokabular und differenzierter Grammatik bietet sie vielfältige Möglichkeiten sich auszudrücken. Wie auch sonst, wenn man spricht, beginnt dieser Selbstausdruck nicht erst dort, wo man sich seiner bewußt ist. Sogar das Ausbleiben von Wörtern, Schweigen, ist beredt, was auf das Fehlen von Bekleidung ebenfalls zutrifft. V. war in der Regel nicht unbekleidet. In den ersten Berliner Jahren, bevor er 1957 Bürgermeister wurde, fühlte er sich unter seiner Baskenmütze in durablen norwegischen Strickjacken und Konfektionsanzügen wohl. Dann wurde sein Erscheinungsbild gesetzter. Und wenn er den Homburg trug, benutzte er dazu oft auch graue Wildlederhandschuhe.

Sowenig er sich die bunten Schlipse umband, die ihm zugeschickt worden waren, sowenig kam der Stetson zur Benutzung in Betracht, den ihm der amerikanische Präsident auf seiner Ranch samt einem glänzenden Colt geschenkt hatte. Oder das weiße Persianerpelzschiffchen, wie es auch den indischen Premierminister auf allen Fotos schmückte. Oder – so wie bei Adenauer – die immer neuen Doktorhüte, die ihm Universitäten irgendwo auf der Welt ehrenhalber verliehen hatten.

Auf welche Weise man sich im Kleider-Text auch verhaspeln kann, zeigte sich bei der Vereidigung des zweiten Kabinetts Brandt. Der Bundeskanzler als Zirkusdirektor. Versehentlich hatte er sich zu den gestreiften Hosen in eine Frackjacke statt des Cuts geworfen, wer aber hatte ihm die falsche Kleidung ins Amt gebracht, und wieso war niemandem aus seinem Tross dort aufgefallen, was da nicht stimmte? Gerät mir heute zufällig dieses Foto vor Augen, erkenne ich es als Sinnbild dessen, was seine zweite Amtsperiode, von einem grandiosen Wahlsieg bis zu ihrem vorzeitigen Ende, überschatten sollte.

Von seinem Homburg hatte er sich inzwischen verabschiedet. Schon als Außenminister bevorzugte er modernere, schmalkrempige Hüte. Dann wurde das Ruder wieder in Richtung Volkstümlichkeit fixiert: Man verpaßte dem Kanzler aus Lübeck zwar keinen bayrischen Trachtenhut, dafür aber eine schwarze Prinz-Heinrich-Mütze (ein textiles Menetekel, ein düsterer Deckel, der unter sich Depressionen auszubrüten schien, und zugleich der Beweis, daß man sich nie schlichter geben darf, als man ist). Eigentlich hätte er zu der gestreiften Hose und der Frackjacke diese Prinz-Heinrich-Mütze tragen sollen, dann wäre restlos alles klar gewesen.

Aber erst in seinen späten Jahren, von mir zunehmend aus der Ferne wahrgenommen, hatte er dann wirklich sein Gefühl für die Wirkungskraft solcher Details eingebüßt.

Er schwärmte nicht von Vergangenem, verklärte nicht die Zeiten, in denen er jünger, dichter am Leben und neugieriger gewesen war. Das entsprach einem angenehmen Mangel an Aufgeblasenheit, zu der ihn Macht und Reputation leicht hätten bringen können. Sicherlich floß auch für ihn die Zeit nicht gleichmäßig. In jedem Leben sind manche Abschnitte dichter gewoben als andere. Offenkundig war, daß die Jahre im skandinavischen Exil, einschließlich der Eindrücke, die er in dieser Zeit in Frankreich und Spanien gewann, sein Denken und seinen Stil geprägt hatten wie darüber hinaus nur Amerika.

Ein weiteres Mal konzentrierte sich seine Existenz durch Einwirkung aus dem Norden, jedenfalls kann man die Auszeichnung mit dem Friedensnobelpreis so verstehen, die durch Skandinavier und in Skandinavien erfolgte. Er nahm mich mit auf die Reise, die erst nach Stockholm führte, wo die anderen Nobelpreise übergeben werden und die gleichnamige Stiftung ihren Sitz hat. Dort im Hotel habe ich zum ersten und einzigen Mal Roulette gespielt, weil ich dachte, vielleicht an dem Glück etwas weiterstricken zu können, aber die fünfzig Mark, die ich einzusetzen bereit war, gingen schnell verloren.

In Oslo spürte ich dann stärker als je zuvor, wie sehr es sein Milieu war, seine Freunde, zu denen er natürlich auch in ihrer Sprache redete, als er den Preis entgegennahm.

Jovial lächelnd reichte der Mann mir die Hand und nannte seinen Namen. Über schlichtere Ausstrahlung konnte man nicht verfügen als der neue Mitarbeiter in jenem Gefolge, das V. morgens abholte und abends heimgeleitete. Die bodenständige Biederkeit, die er vor sich hertrug, vielleicht suggerierte sie ja manch einem Verläßlichkeit. Mir fiel eher auf, wie ungebildet dieser Mann auch im Vergleich zu Beamten um V. herum war, von denen der eine auch schon mal Robert Walser las oder der andere Chopin spielte. Ich fragte mich, was diesen Biedermann für einen Posten qualifizierte, der es mit sich brachte, daß er eben nicht nur in V.s Büro, sondern in unserer Privatsphäre auftauchte.

»Er ist ein Holzkopf, mit dem ich mich nicht unterhalten kann«, bestätigte V., als ich ihn darauf ansprach. Aber er tat wieder so, als sei es nicht seine Angelegenheit. Daß er entscheiden konnte, ob er ihn um sich haben wollte oder nicht, es eigentlich auch mußte, ignorierte er. Organisationstalente wie dieser Guillaume würden gebraucht, hörte ich von anderen in seinem Umfeld: Solche, die Reisen über Land vorzubereiten verständen, findige Bürokraten, die bei den dort verteilten Parteifunktionären den rechten Ton träfen. Selber habe ich nie einer Partei angehört, vielleicht weiß ich nicht, was man benötigt, um dort nützlich zu sein. Ein feindlicher Agent allerdings kann ja wohl kaum der richtige sein, dazu braucht man keine besonderen Kenntnisse.

V. achtete überhaupt wenig darauf, wer ihn umgab. Auf diese Weise bekam auch ich fortwährend mit Leuten zu tun, mit denen es keinerlei andere Berührungspunkte gab und denen ich unter anderen Voraussetzungen nie zweimal begegnet wäre. In seiner Stellung mußte V. ihnen eine Nähe bis in privateste Bereiche zubilligen. Was dazu führte, daß auch ich mit der indiskreten Gegenwart und Aufmerksamkeit solcher Menschen zu leben hatte.

V.s – gelinde gesagt – geringes Geschick bei der Wahl seines Umgangs allerdings war auf Desinteresse und insofern unterentwickelte Phantasie zurückzuführen. Doch war es ebenso zwangsläufige Folge von Arroganz. Fasziniert von der Unklarheit, entzog er nicht nur seine eigenen Konturen den Blicken der anderen, sondern glaubte sich erlauben zu dürfen, durch seinen Schleier auch die anderen nicht richtig ins Auge zu fassen.

In daunenweiche Fauteuils versunken, saßen wir uns gegenüber. Fragend ruhten auf mir seine Augen: Nicu Ceauşescu. Noch ahnte keiner von uns beiden, wie fürchterlich es dereinst enden sollte für ihn und seinen Conducator-Vater, als er aus den blutigen Latschen gekippt wurde, die eigentlich hätten Nicus Erbe bilden sollen.

So marode waren diese Kartenhaus-Reiche, daß der Weltgeist, vielleicht auch bloß Micky Maus, nur noch im Vorübergehen leise an die Tischkante zu stoßen brauchten, und all das Elend, die ganze Pracht, pladderte abwärts. Unwirklich, so leicht. Aber nein, es war kein Traum. Vor die laufenden Kameras wurden sie gezerrt, der Diktator und seine Frau, und dann hatte man sie erschossen.

Und wer war das – man? Hatte er es mit ansehen müssen, ihr Sohn, Nicu? Gehörte vielleicht der servil-freche Dolmetscher, den Nicu zu mir mitgebracht hatte, zu diesem »man«? Oder der Jugendfunktionär aus Konstanza möglicherweise, der einst die schönen Mädchen für Nicus Partys aufgetrieben haben mochte. Helden hatten abgedrückt und mit alledem Schluß gemacht, Helden der Zustände, die sich Revolution nennen lassen, Helden ihrer Beendigung.

Davon war alles noch weit entfernt, als wir uns begegneten. Davon und von Nicus eigenem Tod. Denn er überlebte seine Eltern nicht lange, seine Zeit war mit der ihren abgelaufen, auch wenn ihm keine Kugel galt. Einmal, hier am Rhein, auf dem Venusberg, sind wir uns begegnet. V. selbst bat mich darum, dem Wunsch der rumänischen Delegation nach einem Zusammentreffen zu entsprechen, denn er hatte mich seinerzeit mitgenommen, als er – noch als Außenminister – zur Aufnahme der diplomatischen Beziehungen nach Rumänien gereist war. Auftakt der neuen Ostpolitik. Auch mit dabei: Der schwatzhafte Kommissar. Manchmal gab er einem zu lachen, und dafür hatte V. etwas übrig. Als wir von einem späten Bad im Schwarzen Meer zurückkamen, zog er einem rumänischen Bewacher, der im Vestibül des Gästehauses auf seinem Sessel eingeschlafen war, die Pistole aus dem Hosenbund und versteckte sie.

Und nun, später in Bonn: Ich sehe ihn noch vor mir, Nicu, in glücklicheren Tagen – seine silberne Maß-Eleganz im Sessel auf mich wartend, neben sich den Dolmetscher, ein Bilderbuch-Apparatschik, ölig und unverschämt. Selber war ich in Jeans und meinem grünen Cord-Jackett direkt aus dem Soziologie-Seminar gekommen. So hatte Nicu sich den Sohn des westdeutschen Machthabers ganz unverkennbar nicht vorgestellt. Und? stand in seine Züge geschrieben, als ich auf ihn zuging, wer bist eigentlich du? Wie sieht die Rolle aus, die du spielst – in welchem Stück? Was wird dein Erbe sein? fragten seine Augen: Westdeutschland? Deutschland?

»Herr Ceaușescu«, übersetzte der Mann an seiner Seite, »möchte wissen, wie Sie als Präsident des Studentenverbands der BRD die Lage der angehenden Akademiker Ihres Landes beurteilen.« Hatte ihn niemand ins Bild gesetzt darüber, daß es bei uns keinen staatlichen Studentenverband gab, und ich, ganz davon abgesehen, als Sohn weder Status noch Ämter besaß?

Beide waren wir kaum Mitte Zwanzig, aber Nicu setzte die Pausen für den Dolmetscher bereits so routiniert wie ein Minister – was er vermutlich ja auch war. Und nun hob er an, wie nur so ein Minister die vorzügliche Situation der Studenten in Rumänien darzulegen, reihte die strahlendsten Zahlenkolonnen aneinander. Dann wurde er wieder persönlich und krönte sein statistisches Märchen vom rumänischen Paradies:

»Zwölf Bären habe ich letzte Saison erlegt«, rief er mir zu: »Und Sie?«

Polaroids waren stets anders als alle anderen Fotos. Dabei blieb es, auch wenn das Verfahren weiterentwickelt wurde, nach dem sie (wie lange wohl noch?) funktionieren. Man muß es fast so ausdrücken, denn die kleinen Päckchen mit der glatten Bildoberfläche sind nicht nur Abzüge, sondern komplette Photolabors, die nach der Belichtung zu arbeiten beginnen. Sie enthalten alles an Physik und Chemie, was gebraucht wird. Das ganze war die Idee eines amerikanischen Physikers und Erfinders namens Edwin Land, der in den 40er Jahren des letzten Jahrhunderts seine erste Polaroid-Land-Kamera auf den Markt brachte. Als wir 1966 Katz und Maus *drehten*, wurden zur Kontrolle der Kameraeinstellungen Polaroids gemacht, schwarzweiß wie der Film auch. Um sie zu schützen, mußte man über das fertige Bild mit einem kleinen Schwamm wischen, der mit einer klebrigen Flüssigkeit getränkt war, die sich als durchsichtige Schicht auf das Foto legte, aber meist nicht ganz makellos auftrocknete. Auch bei manchen farbigen Polaroids ist das erforderlich. Künstler wie David Hockney und Andy Warhol haben sich ihre unverwechselbare, hermetische Atmosphäre zunutze gemacht. Für besondere Zwecke werden sie auch in größeren Formaten hergestellt, aber am interessantesten fand ich immer die kleinen quadratischen Päckchen, die überall angeboten werden – oder wurden. Entweder mußte man die Aufnahmen mit Kraft aus dem Apparat ziehen, oder sie surrten von selbst aus der Kamera, und dann konnte man verfolgen, wie sich das Foto entwickelte, das seine Motive unwirklich, in künstlichen Farben leicht verfremdet abbildete. Andy Warhols moderner Form der Heldenmalerei lagen vielfach fix gemachte Polaroids zugrunde, aus denen dann gemalte Bilder abgeleitet wurden. Das paßte zu seiner Idee von der fünfzehnminütigen Berühmtheit, die jedem zustehe, der sie anstrebe. Inzwischen ist sie von der Wirklichkeit des Fernsehens überholt worden, so wie die Erfindung der Polaroid-Sofortbilder von der digitalen Technik, die unverzüglich Bilder herstellt und sich von den geheimnisvollen Prozessen verabschiedet hat, die Land ins Zentrum stellte, als er Kamera und Dunkelkammer, Film und Abzug zusammenfaßte. Als dieses Polaroid entstand, das V. mir geschenkt hat, war davon noch nichts zu ahnen. Andy Warhol war mit seiner Land-Kamera in V.s Bundestagsbüro gekommen und hatte ein paar Aufnahmen gemacht, die er als Grundlage für andere Bilder, Gemälde und Siebdrucke, nutzte.

Polaroid von Andy Warhol

Wenn V. und ich frühstückten, überließen wir das Sprechen weitgehend dem Papagei. Uns genügte das Knistern der Zeitungen, dazu aßen wir krachend Toast. Bevor er das Eßzimmer verließ, wandte V. sich dem Käfig zu und kraulte Rocco, der den Kopf lustvoll um 180 Grad auf den Rücken drehte, den unter den Federn erstaunlich dünnen Hals, während er mit tiefer, von Wahlkampfreden oder vom Vorabend strapazierter Stimme den Namen des zutraulichen Tiers murmelte.

Manchmal fuhr ich ein Stück mit. Neben mir im Auto auf dem Chef-Sitz las V. die langen Papierbahnen der Fernschreibermeldungen, wie sie damals im Gebrauch waren, als höchstens ein paar phantasiebegabte Wissenschaftler am anderen Ende der Wirklichkeit sich eine Zukunft mit Internet und Mobiltelefonen ausdenken mochten. Dort und damals markierte Telex den Stand der Technik und die Anwesenheit von Macht. Das Rascheln des Papiers mischte sich mit dem Qualm seiner Zigarette und V.s nur noch leicht wahrnehmbarem Rasierwasserduft von der Morgentoilette. Neben dem kräftiger parfümierten Chauffeur quetschte sich mit angezogenen Beinen der Leibwächter auf seinen Vordersitz und suchte unablässig Latrinenscherze an den Mann zu bringen.

Sein Büro, eigentlich waren es zwei, regelte vieles für V., auch sehr Privates. Als Vorsitzender hatte er eines in der Zentrale seiner Partei, und zusätzlich arbeitete eines für ihn im Kanzleramt, im Rathaus oder wo er gerade tätig war. Mit den Sekretärinnen und anderen Mitarbeitern dort hatte ich immer wieder zu tun. Schon wenn er mit mir telefonieren wollte, wählte V. kaum einmal selber meine Nummer. Er ließ die Sekretärin anrufen, und sie stellte das Gespräch dann durch. Umgekehrt, wenn ich ihn anrief, ging es genauso. Es war immer erst noch etwas zwischen uns, bevor wir direkt miteinander Kontakt hatten.

Zwangsläufig bekamen Außenstehende manches mit, was sie nichts anging, und nicht nur V.s eigene Angelegenheiten. Dabei war es ihm nicht einmal um Abstand oder gar Abschirmung zu tun. Wenn ich wollte, konnte ich ihn nämlich ohne Schwierigkeiten – aber eben mit einer Station dazwischen – immer erreichen. Sogar während besonders wichtiger Sitzungen nahm er das Gespräch an, wenn ich ihn sprechen wollte. Dann schlug, was einen Mangel an Privatheit mit sich brachte, unversehens ins Gegenteil um, und Abstand verwandelte sich, wenn man damit umgehen konnte und wollte, zur guten Verbindung. Er hatte seine Mitarbeiter ins Bild gesetzt und legte letztlich eine vertrauensvolle Offenheit und Ansprechbarkeit an den Tag.

So wie manchmal stieg ich eines Abends aus meiner Dachwohnung hinab, um mir spät einen Film anzusehen. Der Raum lag, wie gewöhnlich um diese Zeit, leer da. Im Vorübergehen hatte ich bei V. Licht wahrgenommen und klopfte, um zu fragen, ob auch er Lust auf den Krimi hätte. Rauchend saß er über Akten, auf seiner Nase eine Lesebrille, die neu zu sein schien. Ihre Bügel setzten unten, statt irgendwo in der oberen Hälfte der Fassung an, ein merkwürdig unschöner Manierismus, fand ich, und sagte es ihm. Ohne lange zu überlegen stand er von seinem Schreibtisch auf, der von Papieren bedeckt war. Auf einigen prangten unübersehbar dicke Warnstempel, die sie als besonders geheim auswiesen, was ihnen paradoxerweise etwas Aufmerksamkeitheischendes verlieh.

In dieser Zeit, V. war Kanzler und ich junger Student, war meine Beziehung zu ihm nicht frei von einer gewissen Anmaßung, die er sich aber gefallen ließ. Mir fiel auf, daß sein Tisch anders aussah als sonst. Meist fand sich auf ihm überhaupt nichts als das, woran er gerade arbeitete. V. hielt sehr auf Ordnung und war es gewohnt, was er bearbeitet hatte, in Mappen und Schubladen verschwinden zu lassen. Jetzt hingegen wollte er einfach aufstehen und alles offen herumliegen lassen. Das ging mich bestimmt nichts an. Trotzdem fragte ich ihn, ob er keine Angst vor Spionen hätte. Er zuckte mit den Schultern: Es sei doch gar nicht zu verhindern. Wenn es wirklich beabsichtigt sei, dann könne er nichts dagegen tun, daß man ihn hintergehe und ausspioniere. Dann allerdings, brummte er, sei ohnehin alles egal.

Da blitzte sie wieder auf, V.s charakteristische Neigung, Verantwortlichkeit für das Verhalten anderer solange abzulehnen, bis er sie im Ernstfall formell übernehmen mußte, weil dann das der Preis seiner Integrität war. Vielleicht hatte diese Sicht mit seiner persönlichen Entwicklung zu tun, dem Gefühl, sich – in der Kindheit ohne Elternhaus, in der Emigration – quasi selber geschaffen zu haben. Unter keinen Umständen war er bereit, das Bild, das er von sich hatte, in Frage zu stellen. Ein künstlerischer Zug seines Wesens, für den er bereit war zu zahlen. Oder suchte er noch die Gelegenheit, wo bezahlt werden muß?

Übergroße, kobaltblaue Sèvres-Vasen, üppig mit Blumen bemalt und mit Goldornamenten verziert, flankierten die Treppe, die aus dem Vestibül des palastartigen Gästehauses hinauf zu unseren Zimmern führte. Ich hatte Jackett und Weste ausgezogen und war froh, alleine mit meinen eigenen Gedanken zu sein. Mittags war ich mit zum Staatsbankett geladen, ohne daß ich satt geworden wäre: Am Kopf der langen Tafel Präsident Sadat und V. Irgendwo am anderen Ende war mein Platz. Ich sah die Kellner in der Ferne mit Tellern und Flaschen hantieren. Bis sie sich zu mir vorgearbeitet hatten, wurde dort bereits der nächste oder gar übernächste Gang serviert. Plötzlich schrammten Stuhlbeine auf dem Boden, Sadat und V. erhoben sich, und weg waren sie. Uns dort unten hatte man noch nicht mal den Hauptgang gebracht, aber ich mußte zusehen, daß ich zu meinem Wagen in der Kolonne kam, die nicht auf mich warten würde.

Eile war stets vonnöten, wenn man mit V. essen wollte. Seine Gabel flog zum Mund, und der Teller leerte sich schneller, als man sehen konnte, erst recht als man selber zu essen vermochte. Damit will ich nicht sagen, V. hätte sich so wenig aus dem Essen gemacht, daß es ihm gleichgültig war und er es einfach so schnell wie möglich hinter sich zu bringen versuchte. Im Gegenteil. Anfang der 70er Jahre habe ich ihn sogar als ambitionierten Koch erlebt und mich am Spätsurrealismus dieser Szene gelabt. Herbert Wehner hatte sich samt seiner Stieftochter und zukünftigen Ehefrau zu einem Besuch im Sommerhaus in Norwegen angekündigt, und V. nahm sich aus irgendeinem Grund vor, bei dieser Gelegenheit persönlich eine Fischsuppe zu bereiten.

Also fuhr er ins Städtchen und kaufte großzügig, was er an Fischen, Muscheln und Krabben bekam, dazu reichlich Gemüse. Falls V. sich an einem Rezept orientierte, verriet er es nicht. Vorher hatte ich ihn nie am Herd stehen sehen. Nun mühte er sich in der Küche ab. Aus ihrem Ferienhaus auf Öland trafen Herr und Frau Wehner ein. Sie stiegen aus dem Volvo – eine wahre Augenweide, das Paar. Die Neigung zu strohblumenhaftem Bescheidenheitsgetue, die dem skandinavischen Leben nicht fremd ist, schien mir bei den beiden Teilzeitschweden mit der unübersehbaren Abneigung gegen alles, was sich als Eleganz hätte mißverstehen lassen, gesteigert vorhanden.

Die Zeit fürs Abendessen kam, verstrich, die Unterhaltung, eine Mixtur aus Schwedisch, Norwegisch und Deutsch, wurde immer wieder unterbrochen, wenn V. zum Herd lief, um nach seiner Suppe zu sehen. Anscheinend hatte sie noch nicht die komplexe Qualität, die ihm vorschwebte. Ich erinnere mich nicht mehr, ob er irgendwann doch fertig wurde. Sein Feind und Kollege Wehner, der den Gemütsmenschen herauskehrte und nur Spurenelemente seines Jähzorns aufblitzen ließ, ahnte vermutlich überhaupt nicht Ausmaß und Exklusivität der Mühe, die V. sich machte.

Zu Hause in Bonn wahrten die beiden nach meinem Eindruck außerhalb der Arbeit eher Abstand. Über dem ganzen Besuch dort in Norwegen, dem einige Jahre zuvor ein um-

gekehrter bei Wehners vorausgegangen war, lag in seiner ge-
heuchelt freundschaftlichen Privatheit allseitige Verlogen-
heit. Später saßen die beiden noch lange zu zweit bei Schnaps
im Kaminzimmer.

Mitternacht nahte, mir knurrte der Magen. Die halbfertige Zeichnung ließ ich auf dem Tisch in meinem Zimmer liegen, eine kleine Pause stand an. Also eine Treppe hinab, in die Küche und den Kühlschrank durchsucht. Die Tür öffnete sich noch einmal, und V., ebenso hungrig, steckte den Kopf herein. Bald standen wir mit Sandwiches, dazu einem Glas Bier, im Schein der Küchenlampe und erzählten uns aus unseren zwei Welten.

V. präparierte sich für eine Reise nach New York, wo er als Kanzler des Staates, der – wie sein östliches Gegenstück – neu im Kreis der Vereinten Nationen vertreten war, vor der Vollversammlung sprechen wollte. Wir plauderten und bissen in unsere Butterbrote. Wie immer knackten seine Kiefergelenke beim Kauen hölzern. Plötzlich verschwand er und kam mit seinem Manuskript zurück. Er begann mir einen auf Englisch verfaßten Text vorzutragen, merkte, daß ich zuhörte, las weiter und kommentierte zwischendurch.

»Ties, verstehst du, Bindungen.«

»Oder Schlipse.«

Ich machte mir noch ein Schinkenbrot, trank mein Bier und lauschte. Nach einigen Minuten flog die Küchentür auf. Meine Mutter war im Schlaf gestört worden und konnte unserem nächtlichen Treffen nichts abgewinnen.

Reisen, zu denen V. mich während seiner Zeit als Außenminister und Kanzler einlud mitzukommen, strengten gerade dann an, wenn sie das nüchterne Reglement und das steife Zeremoniell zugunsten von Besichtigungen, Unterhaltung und Entspannung hinter sich ließen, was auf das immerselbe öde Amalgam aus folkloristischem Gedudel, Sightseeing und schwerem Essen hinauslief. Sich langweilen und wenig wahrnehmen.

Algerische Gastgeber servierten mir die Hoden am Spieß gebratener Hammel, als handle es sich um den Hauptgewinn, und taten beleidigt, wenn ich nicht davon aß. Obwohl ich ihnen natürlich in Wahrheit so egal war wie sie mir. Ein Pyramidenwärter in Gizeh wiederum ließ sich nur schwer überzeugen, daß ich keinesfalls auf die Sphinx klettern würde, um auf ihrem Rücken reitend für ein Foto zu posieren.

Aber damit hatte es sich ja dann auch. Das sollte die letzte solcher Kanzler-Reisen gewesen sein – für V., und damit natürlich auch, in seiner Begleitung, für mich. Als der Luftwaffenjet in Köln aufsetzte, warteten am Rand des Rollfelds bereits mehrere schwarze Limousinen. V. wurde von einem hektischen Haufen nervöser Männer in Empfang genommen. Endlich hatte man an diesem Morgen einen seiner Referenten, Guillaume, wegen Spionage verhaftet. Für mich stand ein weiterer Wagen zur Reise in eine ganz andere, nämlich meine eigene Welt bereit. Zu V. stieg sein Mitarbeiter ein, damit sie auf der Fahrt nach Bonn die Lage besprechen konnten.

In das Murmeln der Grenzer unter meinem Fenster schrillte das Telefon. Vielleicht halb zwei Uhr nachts. Es war V. – er bat mich zu sich. Daß etwas Besonderes anlag, war klar, ohne daß er erwähnte, worum es sich handelte.

Als ich eintrat, saß er am Schreibtisch und sah mir ins Gesicht. Er langte nach einer Weinflasche, reichte sie mir. Das erste, was er sagte, war:

»Holst du dir ein Glas?«

Vor ihm auf dem Tisch lag ein Briefbogen, wenige Zeilen in seiner Handschrift. Er nahm ihn und kam damit herüber zu seinen Sesseln, wo ich schon saß. Die Möbel hatten nichts Wuchtiges, leicht abgeschabtes nußbraunes Leder, impräg- niert mit Leben und Zeit. Ich wartete, um was es ging. V. gab mir das Blatt. Es trug seinen amtlichen Briefkopf.

»Morgen schicke ich das hier dem Bundespräsidenten.«

Er wollte seinen Rücktritt erklären. Jetzt saß er matt vor mir. Ich kramte ein paar Argumente zusammen, auf der Suche nach anderen Möglichkeiten. Aber was konnte ich damit mehr ausrichten, als seiner Stimmung wenigstens an- satzweise etwas entgegenzusetzen? Auf eine große Diskus- sion war er ohnehin nicht mehr eingestellt, er hatte seinen Entschluß gefaßt. Vielleicht wollte er nur noch ein wenig mit mir sprechen und dabei spüren, daß er nicht alleine war in seinem Haus.

Das Schreiben gab ich ihm zurück. Sein offizielles Brief- papier mit dem Adler, dessen feste Bögen den Fingern etwas zu Greifen boten. Vermutlich eine der letzten Gelegenheiten für ihn, Gebrauch davon zu machen. Dabei hatte es immer gute Dienste geleistet, auch in manchem privaten Notfall, wenn es etwa nach außerehelichen Verfehlungen, die ans Licht gekommen waren, Gutwetter zu machen galt: *Der Bundeskanzler der Bundesrepublik Deutschland* (schwarz-lackierter Prägedruck) habe, wie er in solchen Schreiben dann seiner Frau darlegte, einen *Blackout* gehabt (was immer diese Zauberformel aus der Welt der harten Burschen erklären sollte).

Zweifel sind wohl angebracht, ob mit etwas mehr Kampfgeist und Entschlossenheit mehr für ihn zu retten gewesen wäre damals, im Mai 1974. Aber das ist ja auch ziemlich gleichgültig, nach all den Jahren ganz bestimmt. Und zur Rettung seiner persönlichen Ehre hat er anscheinend das Richtige getan.

Das kantige Sofa mit den weichen Polstern, der englische Mahagonischrank, der mit großem Blütenmuster bezogene Ohrensessel entsprachen amerikanischem Hotelzimmerstil, dem etwas moderne Kunst, skandinavisches Silber und eine alte norwegische Biedermeierstanduhr aus Birkenholz eine persönlichere Note gaben. Vor der Fensterfront zum Garten hinaus stand ein massiger Tisch im Wohnzimmer, den der auch mit mehreren abstrakten Bildern im Haus präsente befreundete Künstler Herbert Hajek entworfen hatte. Ich war bei einem Besuch in der Berliner Bildgießerei Noack dabei, wo Hajek das halbfertige Stück V. präsentierte, für den der Tisch, ein Geburtstagsgeschenk, bestimmt war.

Auf der bronzenen Trägerkonstruktion lag eine besonders dicke und schwere Glasplatte. Als der Tisch von einer Spedition angeliefert wurde, stießen die Träger mit dem äußerst sperrigen Stück im Treppenhaus an. Vom ersten Tag an zog sich ein Riß ins Glas. Es wäre niemandem eingefallen, das bei der Annahme zu monieren oder später für Ersatz zu sorgen. Auf der Platte lagen ein paar Bücher, zum Beispiel ein auffällig großformatiger Hopper-Bildband, auch das ein Geschenk. Ich weiß nicht, wer außer mir hineinsah. Am Kopfende des Tischs stand der immer wichtiger werdende Fernsehapparat.

Wenn aber Gäste kamen, blieb der Apparat ausgeschaltet, dann brauchte lastendes Schweigen nicht überspielt zu werden, denn laute Stimmen füllten das Haus: Journalisten, Kollegen, befreundete Diplomaten, ein paar Künstler und

Schriftsteller waren gern gesehen. Dann wurde viel gelacht. Freundliche Unverbindlichkeit, Humor, Ungezwungenheit und Toleranz lagen in der Luft.

Aus dem Wohnzimmer drang Gelächter, schwedische Scherze, erneutes Lachen. Der tschechische Schauspieler Valter Taub war zu Besuch. Er ließ keine Gelegenheit aus, sich auf Schwedisch zu unterhalten. Jetzt wurde alles durcheinander gesprochen: Skandinavisch und Deutsch. Dabei fielen mir die einzelnen Farben dieses sprachlichen Flickenteppichs kaum auf.

Manchen, die ihm nahestanden, blieb V. über Jahrzehnte hin treu. Taubs in Prag waren so ein Fall. Als politisch linksgerichtete Juden hatten sie sich aus der schon vor Kriegsbeginn exekutierten Tschechoslowakei vor den Nazis nach Stockholm in Sicherheit gebracht, wohin sich meine Eltern ebenfalls absetzten, als deutsche Truppen auch Norwegen kassierten.

Zwischen Valter und mir entwickelte sich dann, seit den sechziger Jahren über anderthalb Dekaden bis zu seinem Tod, auch eine Freundschaft. Der Altersunterschied war so groß, daß er keinen Sand ins Getriebe streute: Wir lachten oft über dieselben Geschichten, und es gab stets ausreichend Stoff für Unterhaltungen, in denen es um politische Themen ging, und natürlich kreisten sie um künstlerische Fragen. Gelegentlich schickte ich ihm etwas von dem, was ich schrieb, und beim nächsten Zusammentreffen wurde auch das zum Gesprächsstoff.

Einmal beabsichtigte Valter, V. bei seinem nächsten Besuch in Bonn einige Texte von mir vorzutragen. Er hatte sich auf die Lesung schon vorbereitet. Aber V. wollte davon nichts wissen.

»Und danach«, meinte er schneidend, »gibt es das gute Gespräch, wie im Pfarrhaus.« Wer hätte dem widersprechen wollen. Außerdem: Mir war ja selber eher daran gelegen, getrennt zu halten, was mich beschäftigte. Valter jedoch hatte sich vergeblich präpariert. Die Fotokopien mit seinen Bleistiftmarkierungen wanderten zurück in seine Tasche. V.s Abneigung gegen die Gefahr bourgeoisen Miefs war plausibel, selbst wenn sie nicht immer nur gutem Geschmack, sondern auch menschlicher Knauserigkeit zu danken war.

Valter Taub und ich hielten Kontakt, wir telefonierten, schrieben uns. An welchem Theater auch immer er gerade arbeitete, er wollte wissen, wann ich ihn besuchen käme. Ich reiste nach Prag, wo Valter zu Hause war. Oder ich kam nach Österreich, meist nach Wien, wo er am Burgtheater spielte. Und wenn er in Deutschland war, sahen wir uns hier. Er war mein Freund, im Hintergrund aber schillerte stets die Verbindung zwischen ihm und V., die durch mich eine zusätzliche Klammer erhielt, mit der willkommenen Möglichkeit für beide Seiten, so ganz unkompliziert Grüße und anderes ausrichten zu lassen.

Als Dissident Willy Brandt zum Freund zu haben und in regelmäßigem Kontakt zu seinem Sohn zu stehen, bedeutete für den widerspenstigen Künstler in Prag sowohl Schutz als auch Privileg. Die Rolle, die der Schauspieler Valter Taub abseits der Bühne später im Dickicht zwischen den Linien der tschechoslowakischen Politik spielte, war nicht ganz einfach zu durchschauen. Für ihn lebten all seine Hoffnungen im Prager Frühling auf, und er hatte nach dem Einmarsch der Warschauer-Pakt-Truppen dementsprechend schlechte Karten.

Zur Aufnahme der diplomatischen Beziehungen reiste V. nach Prag, und ich begleitete ihn wieder. Unter den Gästen des offiziellen Empfangs, wo er auf die Repräsentanten des Regimes traf und ein paar freundliche Worte mit ihnen wechselte, war auch Valter Taub.

V. gewöhnte sich an, mich um meine gelegentliche Mitarbeit zu fragen, ich weiß nicht mehr genau, wann es begann. Was dachte ich mir dabei, wenn ich zustimmte, für ihn zu schreiben? Fühlte ich mich ihm verpflichtet? Oder was sonst trieb mich an?

Unser Verhältnis durchlief naturgemäß unterschiedlich gefärbte Etappen, aber ich erinnere mich nicht, daß Bedrückung oder Furcht es überschatteten. V.s Mangel an Anteilnahme hieß letztlich auch: wenig Einmischungen und Gängelungen. Jedoch als ich auszog, bat er mich bedenkenlos zu bleiben, weil sonst die Luft um ihn noch dünner würde.

Das Telefon klingelte, und V. meldete sich aus dem Bundestag. Er bat mich, ihm rasch ein paar Sätze aufzuschreiben, die er in eine Rede einfügen wollte – sein Beitrag zu einer eben beginnenden Debatte, die dem Thema Anarchismus gewidmet war. Im echt oder kalkuliert aufgeregten geistigen Klima dieser Zeit schienen ihm die libertären, humanistischen Traditionen unter den Tisch zu fallen, die sich mit dem historischen – und für die RAF unpassenden – Begriff Anarchismus verbinden. (Inzwischen ist jedem klar, wie wenig anarchistisch, sondern extrem autoritär es dort zuging.)

Terror wurde im *Deutschen Herbst* als neues Phänomen aufgefaßt. Terroristen, damit waren bei uns erstaunlicherweise, wenige Jahrzehnte, nachdem das Ausland für uns die SS erledigt hatte, ausschließlich eine Handvoll Leute gemeint, die aus der Linken hervorgegangen waren. Am Beginn ihres Desasters stand dabei in der Regel signifikanterweise aber nicht – wie bei Hitler und seinem Terrorregime – ein Mangel an Sittlichkeit, sondern eher ein Übermaß an moralistischem Rigorismus.

Mord und Totschlag waren kein probates Mittel, doch konnten einen schon Empörung und Verzweiflung packen, wenn man zusehen mußte, wie Altnazis ungebrochen immer weiter in höchste Funktionen aufrückten, während anderen, die keinem Menschen ein Haar gekrümmt hatten, die Eignung für den Staatsdienst abgesprochen wurde. V. hatte als Bundeskanzler diesen Spuk mitzuverantworten.

Wenn er mich gelegentlich einen Anarchisten nannte,

meinte ich, weniger Abschätzigkeit als vielleicht sogar einen Anflug von Sympathie für diese politische und charakterliche Ausrichtung zu spüren, mit der er in seiner braven Partei vorsichtig umgehen mußte. (Sein Geschmack änderte sich in seinen letzten Jahren offensichtlich auch was das angeht, als er eine Volkstümlichkeit herauskehrte, der ein gänzlich anderes Verständnis von Romantik als feuriges Durcheinander zugrundeliegt.)

Ich dachte politisch in dem Sinn, daß ich nicht blind war für das, was vorging, und Anteil nahm. Aber nie hätte ich mich einer politischen Kraft untergeordnet, denn für mich zählte der einzelne mehr als jede Menge. Ich war Individualist und dadurch Anarchist. Ich setzte auf die Widersprüche und erwartete das Heil nicht von Gesetzen, Ordnung und Staat. Mein Anarchismus sah eher so aus wie Oscar Wildes Sozialismus: *Es ist eine Tatsache, daß der Staat das Regieren ganz und gar sein lassen muß.*

Das Schicksal des Schriftstellers Peter Paul Zahl aus Berlin, der von den Behörden regelrecht in die Kriminalität gehetzt wurde, bei einem Feuergefecht einen Polizisten verletzte und dann seine Höchststrafe für Mordversuch absaß, ging vielen nahe, auch wenn sie selber nicht links angesiedelt waren. Manche taten sich in einer Vereinigung zusammen, die Aufmerksamkeit auf diesen Fall lenkte und sich bemühte, etwas für den inhaftierten Dichter zu tun.

Zu denen, die sich besonders für Zahl einsetzten, gehörte ein Mann, der seine bürgerliche Existenz als Manager in einem großen Industriekonzern aufgegeben hatte. Mit mir hielt er sporadischen Kontakt. Seine Briefe wurden mit der Zeit immer gefühliger und drängender. Was mich nicht davon abhielt, dort wo ich konnte, auf den Fall, der mich ebenfalls empörte, hinzuweisen. Natürlich war insbesondere auch daran gedacht, daß durch mich V. und andere aus dem inneren Kreis der Macht mit solchen Informationen versorgt wurden, die es sonst vielleicht schwerer hatten, dorthin vorzudringen.

Eines Tages kündigte der Einödbauer seinen Besuch in Bonn an. Ein freundlicher, schlanker Mann mit kurzem Haar, dem man den Manager sofort glaubte, kletterte aus seinem Porsche, in der Hand eine Tüte Obst für mich. Er kam direkt aus Stammheim, wohin er Gudrun Ensslin ebenfalls Kirschen mitgebracht hatte.

Im Fall Zahl wußte ich genau, worum es ging und worauf ich mich einließ. Jetzt, war mein Eindruck, sollte ich zum Werkzeug gemacht werden, und das lehnte ich ab. Für die sentimental-überhitzte und zugleich metallisch-tote Sprache, in der die RAF-Szene auch Menschen, die sonst nicht viel mit ihr gemein hatten, als nützliche Idioten in Dienst zu nehmen trachtete, war ich außerdem überhaupt nicht empfänglich.

Angesichts der Schriftsteller und Intellektuellen, die im Lauf der Jahre an V.s Reden und anderen Texten mitgearbeitet haben und für die er sich auch im Kanzleramt offenhielt – denn politischer Stallgeruch war nicht die Voraussetzung seines Interesses –, kommt mir der Gedanke, ob nicht nur ich V., sondern er auch mir über meine Zuarbeit für ihn nahe kommen wollte.

Als Student der Politologie und Soziologie, der sich hauptsächlich mit Kunst und Literatur beschäftigte, verfaßte ich nebenher hin und wieder Texte für ihn – welch eigentümlicher Spagat: Bei mir zu Hause, wo es ziemlich anders aussah als in einer Parteizentrale oder dem Bundeshaus. Ich schob auf dem Schreibtisch meine eigene Arbeit zur Seite oder saß bei einer starken Kanne Tee mit einem Brett auf den Knien neben der Staffelei und suchte nach dem Satz, mit dem ich die Rede, den Artikel, den Brief anfangen lassen wollte.

Sooft ich konnte, brachte ich ein paar Zitate von Thomas Mann unter, für den ich eine unzeitgemäße Vorliebe hegte. Als wir einen Entwurf von mir besprachen, wo ich es auch wieder so gehalten hatte, erwähnte V. einmal, nach dem Krieg hätte er den Versuch unterstützt, den Schriftsteller für das neue Amt des Bundespräsidenten zu gewinnen. Woraus bekanntlich nichts wurde. Bei alledem war mir nicht klar, wieviel V. von Thomas Mann gelesen hatte. Als ich mich bei der Mitarbeit an einem seiner Bücher in seine Erinnerungen an Lübeck hineindachte, kam mir zugute, daß bei Mann, der ja ebenfalls dorther, wenn auch aus gänzlich anderem Milieu, stammte, mehr Atmosphärisches zu finden war als in dem, was V. einem zu erzählen wußte.

Seine neuen Lebensumstände änderten am Verhältnis zwischen V. und mir erst einmal nichts. In die Zeit danach fiel eine relativ enge Zusammenarbeit. Eines Samstagnachmittags bat er mich, in Unkel vorbeizukommen, um über eine größere Rede zu sprechen, die ich entwerfen sollte. Ich kam mit der Eisenbahn. Als ich am Abend zurück nach Bonn wollte, sah ich, daß der letzte Zug, der in dem Städtchen hielt, fort war. Ein Taxi war vor dem verwaisten Bahnhof auch nicht zu finden, ebensowenig ein Münztelefon.

Also machte ich kehrt und klingelte, um von seiner Wohnung aus ein Taxi zu rufen. Mit steinernem Ausdruck öffnete V. die Tür, sichtlich irritiert durch mein unvorhergesehenes Wiedererscheinen. Sein Blick ging an mir vorbei, als hätten wir nichts miteinander zu schaffen. Später fiel mir ein, woher ich diese Miene kannte: Es war an einem Sonntagmorgen gewesen, als ich mit fünf oder sechs Jahren übermütig ins elterliche Schlafzimmer hüpfte (was selten vorkam). Ich weiß nicht mehr, was ich dort vorhatte, Guten Morgen sagen vermutlich. V. schlief noch. Unter der Decke schaute sein großer Zeh hervor, und ich konnte nicht widerstehen, ihn versuchsweise zu kitzeln. V. schreckte auf und blickte mich eisig an, so wie jetzt hier.

Sehr geehrte Damen und Herren!, begann ich, stellte mir dabei V. auf dem Podium vor und hoffte, auf diese Weise fiele mir etwas ein. Mein Leben kreiste ja nicht im Sonnensystem der Sozialdemokratie, wenn überhaupt, funktionierte das Redenschreiben bei mir nur um ein paar Ecken herum.

Irgendwann wurde mir ein Büro bei ihm im Parteihaus angeboten. Mir erschien diese Idee absurd. Wieso eigentlich, frage ich mich heute. Nicht, daß ich auch nur einen Augenblick daran gedacht hätte, mein Leben aufzugeben, das von ganz anderem handelte als den Texten, die ich für V. gelegentlich schrieb. Die Verwirrung hatte ich aber selber gestiftet, denn ich lieferte die Beiträge ja immerhin, und vielleicht waren sie nicht mal schlecht. Für V. lag der Wert meiner Arbeit aber vermutlich vor allem in meinem Eigensinn. Wenn er mich fragte, ob ich ihm etwas aufschreiben könnte, wußte er, warum er gerade mich dafür haben wollte und daß mein Manuskript eher geistige Unabhängigkeit als sozialdemokratische Verläßlichkeit ausdrücken würde.

Mein Jonglieren mit eigentlich nicht zu Vereinbarendem hatte seinen Reiz: Die Welt der Politik mit dem, was dort zählt, im Unterschied zu meinen eigenen Bedingungen einer luxuriösen Bescheidenheit, die selber bestimmt, was sie gelten läßt. War das so, wieso ließ ich dann zwischendurch die Farbtuben zugeschraubt und setzte mich über einen Stapel Bücher, um mich auf eine Arbeit in V.s Auftrag vorzubereiten? Gelegentlich interessierten sie mich wirklich, dann war es ein Vergnügen, mein Gewinn.

Aber es gab genügend anderes Zeug, durch das ich mich

schwer kämpfte, so etwas wie die Erinnerungen vom Pastor Albertz. Die mutete ich mir zu, um mein Gehirn in die Falten einer mir gänzlich fremden und unsympathischen Existenz zu legen, eine Formulierung von Arno Schmidt abzuwandeln. »Mein Freund Heinrich ist kein Splitterrichter«, schrieb ich für V. dann mit deutlich pfäffischem Tonfall, und so trug er es dem zu Ehrenden vor. Etwas schwang bei meiner Tätigkeit für V. zweifellos auch mit, das mich, wenn ich heute daran denke, in seiner Mischung aus Vorwitz und Abgründigkeit beklommen macht.

Manchmal allerdings hatte ich einfach das Gefühl, es sei gut, daß etwas gesagt würde – eben durch V., der Gehör fand. Etwas, das ich inhaltlich für wichtig hielt. Aber auch ein sportlicher Ehrgeiz trieb mich an, auf meine eigene Weise etwas zu machen, das dann in ganz anderem Rahmen funktionierte.

Die Voraussetzung der Dienste, um die V. mich bat, war für mich nicht kompliziert – ich mußte Verständnis aufbringen für eine Denkweise, die sich auch aus seiner Stellung und Funktion ergab. Fast wie wenn man einen Bühnencharakter weiterdenkt, den man mit Interesse verfolgt. Daß wir immer eine Meinung teilten, war dazu nicht nötig. Vielleicht war es überhaupt nur zu dieser merkwürdigen Zusammenarbeit gekommen, weil wir uns bei Bedarf schon mal die Meinung sagten.

Auch wenn unsere Beziehung sich nicht ungestört fortentwickeln konnte, da sie in seinen neuen Lebensumständen subtilen Angriffen und argwöhnischer Kontrolle ausgesetzt war, ging es eine Weile noch ganz gut. Was weiterhin einschloß, Streit nicht unbedingt aus dem Weg zu gehen. Die Brücke zwischen uns stand, und sie blieb passierbar – bis zu einem Loyalitätsbruch, den ich ihm lange nicht verzeihen konnte.

In einem Interview, veröffentlicht in einem Buch, das V. mir selber zusandte, antwortete er auf eine Frage, die auf das Verhältnis seiner Söhne zu ihm zielte, sie seien mit ihm als Vater einverstandener, als es ihm selbst recht sei. So gab er zu erkennen, daß ihm nicht mehr klar war, wie ich zu ihm stand und was mich unser Verhältnis auch kostete. Ich schrieb ihm einen Brief. Er antwortete und bot mir ein Gespräch an, aber ich ging darauf nicht mehr ein.

Von da an sah ich ihn jahrelang nur noch im Fernsehen, obwohl er nur wenige Kilometer entfernt wohnte. Irgendwann nachdem er die siebzig überschritten hatte, aber lange bevor Krankheit ihn zeichnete, begann V., sich älter zu geben, als er war.

Nachdem ich mich von ihm zurückgezogen hatte, gab es keinen direkten Kontakt mehr zwischen uns. Dennoch lag es nicht am Abstand, wenn ich ihn in aktuellen Fernsehaufnahmen verändert sah: Er schien sich bewußt spannungsloser zu halten, altmännermäßiger zu kleiden, den Schlips voluminöser und lockerer zu binden, gedehnter zu sprechen.

Vielleicht signalisierte das die Befreiung von lebenslanger Anstrengung. Während die meisten alten Menschen, die noch arbeiten, eher zu betonen suchen, wieviel ihrer Jugendlichkeit sich erhalten hat, schien er auf einmal Freude daran zu haben, den alten Mann zu spielen.

Nach langem Schweigen traten wir uns wieder gegenüber. V. hatte schwere Operationen hinter sich, aus denen er zart, schwach und ungeheilt hervorgegangen war. So war er mit wenig Hoffnung zurückgekehrt in sein neuerbautes Haus am Rhein, das nicht zu ihm paßte, wie ich fand, in eine Landschaft, die zu ihm nie gepaßt hatte. Dabei fühlte er sich in Weinbaugegenden durchaus gut aufgehoben, Wein hatte er stets gerne getrunken, aber den, der dort vor seiner Haustür wuchs, ließ er stehen. Romanisches Leben behagte ihm, zum römisch-katholischen Rheinland mit seiner Simplizitätskultur allerdings fehlte ihm jeder Draht.

Wie hatte ich mir die Wiederbegegnung mit ihm vorgestellt? Durch seine Krankheit änderte sich alles. Das Bild auf dem Schachbrett war mit einem Mal radikal vereinfacht. Das Gegenläufige, das uns eben noch voneinander entfernt hatte, war plötzlich unwichtig. Grundsätzlich hatte es seine Bedeutung nicht verloren, doch waren wir an einen neuen Punkt gelangt. Was noch zu klären war zwischen uns, stand auf einem anderen Blatt.

Weiß lag sein Haus zwischen den vom warmen Nachmittagslicht übergossenen Hügeln. Ein fremder Klingelton. Er öffnete selber, stand auf eisig glänzendem Marmor, in dem wir uns spiegelten, beide gleich zweimal aufeinander zugehend, in doppelter Freude, uns wiederzusehen. V. holte eine Flasche Wein und Gläser. Ich nahm keines. Tagsüber, sagte ich, tränke ich nie Alkohol.

Er führte mich in den Garten. V. sah sich seine Blumen an.

»Nicht mal der Wein schmeckt mir noch.«

Wir gingen hinunter zum Ende des Gartens, der bis fast an den Fluß reichte. Die Promenade am anderen Ufer lag im Schatten.

Wenn man jung ist, gibt einem eine Spur Arroganz Leichtigkeit. Verpaßt man den Zeitpunkt, sie abzuschütteln, wird sie zu Blei. Das Uninteressante an der Arroganz ist dabei nicht einmal die Überbewertung des Eigenen, sondern der Mangel an Wahrnehmung des Anderen.

Ich besuchte ihn nun ab und zu. Meist nahm ich den Zug. Zurück zum Bahnhof ging ich bei schönem Wetter dann am Rhein. Manchmal rauchte ich eine Zigarre dabei. Ich dachte an früher, an unseren Silvesterurlaub auf Sizilien, ganz am Anfang der Bonner Zeit. V. war Außenminister. Sein redseliger Bewacher war auch schon dabei, eines Nachts hatte er mir auf dem Steinpflaster in einem Gäßchen von Taormina beweisen wollen, daß er steppen könne. Über zwanzig Jahre war das her. Ich blies den Rauch meiner Zigarre in die Luft. V. hatte mir früher hin und wieder einige der Havannas geschenkt, die er von Fidel Castro geschickt bekam. V. gab Zigarillos den Vorzug, aus Zigarren hatte er sich nie viel gemacht, sie höchstens wie alles andere auch auf Lunge geraucht, wenn er nichts Besseres hatte. Jetzt war es mit dem Rauchen überhaupt vorbei.

Fahrräder fuhren hinter der Bank hin und her, auf der ich saß, fast soviele wie Frachtkähne vor mir auf dem Fluß. Damals in Taormina, erinnerte ich mich, logierten wir in einem einstigen Dominikanerkloster. Anstelle bemessen schreitender Mönche in groben Kutten huschte livriertes Personal durch die alten Gänge, viel mehr, als Gäste aufgenommen wurden. Mir gefiel es dort, endlich richtig im Süden.

Am Silvesternachmittag füllte sich der Hof mit Luxuslimousinen aus der ganzen Insel, deren Fenster keine Blicke hinter die zugezogenen Gardinen erlaubten. Großbürgerlich auftretende Mafiabosse mit ihren Familien stiegen heraus. Ihre Kinder in grünen Lodenmänteln – einer Mode folgend, die zu uns noch nicht vorgedrungen war.

Am Abend saßen dann alle an langen Tafeln, und wir mitten unter ihnen. Auf der Bühne schrammelte eine schwarzgelockte Beatband. Mir gegenüber war ein ungefähr gleichaltriges Geschwisterpaar aus Catania plaziert worden, dessen Vater, ein Bauunternehmer, ein paar Stühle weiter Havanna-Zigarren rauchte, während er auf V. einredete.

Seine Tochter war hübsch. Und sie stotterte. Ihr Vater blies Rauch aus und redete wie ein Schwadroneur, doch sie kam nicht vom Fleck. Wenn sie zwischen zwei Silben steckenblieb, legte ihr Bruder seine Hand auf ihren Unterarm, dann ging es weiter.

»**Auf Kuba**«, sagte V. unsicher, »soll es Behandlungsmetho-
den geben, die auch in Fällen etwas bewirken, die man hier
für aussichtslos hält. Castro hat mir das vorgeschlagen. Was
meinst du?«

Ich verheimlichte ihm nicht meine Zweifel.

In den Ferien war einmal ein Fremder zu uns gestoßen,
dessen Name in meinen Ohren wundersam klang: Boris
Goldenberg. V. kündigte ihn uns als Kuba-Kenner an, und
ich sollte mir überlegen, was ich ihn fragen wolle. Ich, zehn
oder elf Jahre alt, dachte nach: Kuba, Kuba. Aber ich kam
nicht auf mehr, als mich nach der Länge des Barts von Fidel
Castro zu erkundigen.

Die Menge trägt den Rockmusiker, der sich von der Bühne fallen läßt, und indem sie ihn auffängt und auf ihr schwimmen läßt, wird für beide bekräftigt, wer sie sind.

Sich ihnen zu überantworten, bejubeln und benutzen lassen, das gehörte dazu. Und wenn man selber spürt, daß es seine Richtigkeit damit hat, dann kann man Formen finden, die mehr sagen, als man alleine zu sagen hat. V. hatte den Mumm und die Selbstliebe dazu.

Eitelkeit ist ohnehin nichts, was man vorwerfen sollte. Oder zeigt sie etwa nicht in der Aufmerksamkeit gegenüber der eigenen Person zugleich Respekt vor anderen? V. war nie ein Privatmann. Lust und Bürde fielen zusammen. Seine Bereitschaft, sich nicht zu entziehen, war keine Schwäche. Es gehörte Kraft dazu.

Der Laden in der Altstadt von Lissabon war in staubiges Licht gehüllt. Welche Geschichten barg diese Bibliothek? Als wären es alte Manuskripte und Bücher, so waren die zu pergament-farbenen Brettern erstarrten Dörrfische sortiert, gestapelt und aufgereiht, in hohen, tiefen Regalen, und füllten die Wände. Die Kundschaft erhielt ihren Trockenfisch in bräunliches Papier eingeschlagen. Wenn man genau hinsah, entdeckte man hier und da einen Zeitungsbuchstaben darin. Von diesem Papier besorgte ich mir einen großen Stapel, um darauf zu zeichnen. Diese Zeichnung, die ich darauf machte, war meine Art, darüber nachzudenken, was geschah: Die Besuche bei meinem kranken Vater.

Bleistiftzeichnung vom Autor

Als ich V. zum letzten Mal sah, lag er im Bett. Zuvor war es ihm stets gelungen aufzustehen. Zumindest hatte er angekleidet auf einer Couch gelegen. Als ich V. zum letzten Mal sah, nahmen wir Abschied. Am nächsten Tag starb er.

Vor seinem Haus wartete ein Schwarm Fotografen. Familienfotos, Kinderfotos seiner Söhne waren stets ein Teil von seiner Selbstdarstellung gewesen. Zeit seines Lebens, und nun auch im Tod, bestand ein Pakt zwischen diesen Leuten und ihm. Sie brauchten ihn, aber er sie ebenso.

Während all dieser letzten Wochen waren Billigjournalisten mit langen Kamera-Objektiven im Gebüsch oder hinter Autoscheiben in Stellung gewesen. Er wies mich darauf hin, und ich meinte Stolz darauf bei ihm zu spüren, welcher Tricks die Burschen sich bedienten, um an ein aktuelles Foto von ihm zu gelangen. Sie zogen in Wohnwagen und bestachen Nachbarn, in der Hoffnung, aus deren Fenster noch besseren Blick in sein Haus zu erhalten.

Manchmal schien es mir, als klänge seine Genugtuung durch, auch jetzt noch Objekt ihres Interesses zu sein, es noch auf dem Sterbebett zu bleiben. Das, war mir klar, ist keine Äußerlichkeit, es gehört wirklich zu ihm. Also auch auf mein Bild von ihm.

Angler lesen das Wasser und sehen fragend zum Himmel hinauf, der sich im Wasser spiegelt, um die nächsten Stunden einzuschätzen. Werden sie ernstlich krank, geht es nicht mehr um das Angelwetter. Das Wetter ist nicht mehr draußen, es steckt jetzt in ihnen selbst. Und überhaupt nichts Wirkliches ist länger unwichtig. Im Unterschied zu hohlen Worten und papiernen Theorien, die als Schneeflocken im Fluß vergehen. Aber wie das Brot schmeckt und ob es kalt oder warm ist, das zählt. Die Unterschiede. Klarheit. Schmerz. Betäubung. Vergessen.

Krank liegt man im Bett und starrt aus dem Fenster. Mit Glück kann man hoffen, das Brot nochmals schmecken zu dürfen und den Reif auf den Autos wieder zu sehen, die am Straßenrand geparkt sind. V. hatte sich niederlegen müssen, und er spürte, er käme nie mehr hinaus. Wenn ich ihn besuchte, berichtete ich ihm vom Nebel, durch den ich zu ihm gegangen war.

Am Ende schluckte er den Nebel und der ihn. Er bekam Morphium. Wieviel er von dem, was sich um ihn tat, in seinen letzten Tagen noch aufnahm, taucht aus undurchsichtigen Schwaden nie auf. Kaum leserliche, mikroskopisch verkrakelte Buchstaben, mit denen er kurz vor dem Tod die faktische Enterbung seiner vier Kinder aufsetzte, sind wie Wegmarken seines letzten, abschließenden Gangs in Geheimnis und Dunst.

Übrigens wählt man die Schnur, mit der man fischt, immer so dünn wie möglich. Nicht nur, weil Fische scheu sind und man sich etwas einfallen lassen muß, um sie zu überlisten. Es geht auch darum, daß sie die Chance haben, sich loszureißen.

Angeln waren wir beide zum letzten Mal im Mittelmeer vor Sardinien. Der muskulöse Leib einer Muräne schlug wie ein Teufel um sich, als er aus der Tiefe ans Licht gezogen wurde. Ein sardischer Fischer, Überlebender eines versunkenen Zeitalters, der uns zu den guten Stellen führte, biß dem schlangenartigen Unterweltswesen das Genick durch. Dann spuckte er das giftige Fischblut ins Wasser. Aus der Hand, mit der er zugegriffen hatte, aufgeschnitten von den skalpellscharfen Muränenzähnen, tropfte dabei sein eigenes Blut und mischte sich mit den Wellen.

Schmetterlingsgleich tanzte so wie jeden Tag die Stimme des Briefträgers durchs Clair-obscur des alten Treppenhauses, hinauf zu der Dachwohnung, wo Renate und ich lebten. Die Einladung zur Trauerfeier im Reichstagsgebäude und zur anschließenden Beisetzung lag bei der übrigen Post auf den Stufen. Als ich wegen unserer Flugtickets nach Berlin im Reisebüro vorbeiging, wunderte man sich dort, daß wir nicht, wie so viele andere, mit der Sondermaschine der Regierung, die für Trauergäste auf dem Flughafen Köln/ Bonn bereitstand, fliegen wollten. Es war uns nicht angeboten worden.

Doch auch so trafen wir pünktlich im Reichstag ein. Hunderte von Köpfen in den Stuhlreihen, die wir auf dem Weg zu unseren Plätzen passierten. Männer, von überallher gekommene Männer. V. hatte sich immer viel aus Frauen gemacht, hier aber fanden sich wenige. Dunkle und hellhäutige Männer, darunter weltberühmte und viele, die nur denen bekannt sind, die genauer wissen, was gespielt wird – irgendwo.

Auch die Berliner Philharmoniker spielten, Schuberts 8. Symphonie, und Ansprachen wurden gehalten, aber meine Gedanken zogen ihre eigenen Bahnen. Dem, was ich fühlte, gab all das dort um mich herum keinen Ausdruck. Und es markierte, was nun mit seinem Tod auch vorbei war: Hier löste sich der Kontrast zwischen den Farben seiner Welt und meiner auf, die nicht mehr aufeinanderstießen.

Später, in der Wandelhalle, kamen einige alte Freunde von V. herüber und schüttelten uns die Hand. Unruhig stand

Wim Wenders irgendwo und ließ dunkle Blicke über die Gäste streifen. Für die Fahrt zur Beisetzung auf dem Friedhof nahmen wir Egon Bahr im Auto mit. Er machte unterwegs für vermeintliche Sehenswürdigkeiten meiner Heimatstadt Reklame, pries die Skulptur vor der Deutschen Oper und die *Avus*.

Alte Birken säumen den Friedhofsweg. Ein strahlender Spätsommertag, fünf Uhr nachmittags, und immer noch heiß, die Bäume knorrig in Reih und Glied, nordisch und bemessen. Manchmal, wie damals vor unserem Siedlungshaus in Schlachtensee, tanzt das Licht mit winzigen Schritten zwischen dem lockeren Birkenlaub, aber an diesem Tag ließ der Wind es in Ruhe.

Im Sarg hatte V. das engverwinkelte Weinstädtchen am Rhein wieder verlassen, um zurückzukehren. Nicht bis an die Ostsee, aber in sein altes Berlin. Die Birken auf dem *Waldfriedhof,* nicht eben die intimsten Bäume, paßten zu ihm. Schwer und leicht zugleich, schwarz und weiß, melancholisch und fröhlich, kalt und warm, biegsam und zäh, dicht und luftig, mächtig und scheu.

Ich suchte nach seinem Grab, dessen Lage sich mir bei der Beerdigung, dem langen Gang durch flankierende Polizistenreihen, nicht eingeprägt hatte. Gleich mir fanden andere Leute, die mir unbekannt waren, auf dem weiten Areal die Stelle, wo er beigesetzt ist; sie legten Blumen an den Rand, Nelkensträußchen, die selber nicht gerade lebendig aussahen.

Ich stand an seinem Grab, aber hatte nicht das Gefühl, von mehr Verfügungsgewalt über den, der in ihm liegt, jetzt, da er sich nicht mehr zu wehren vermochte. Er gab, was er zu geben hatte, auf seine Art.

War es denn ein Zeichen von V.s Beziehungslosigkeit gewesen, wenn er mir einst den Band mit Brecht-Texten einige Tage später zu Weihnachten zurückgab, den ich ihm gerade erst zum Geburtstag geschenkt hatte, ungeachtet meiner Widmung darin (die ihm vielleicht nicht auffiel, weil er das Buch gar nicht erst öffnete)?

Oder machte sich in dieser schonungslosen Sachlichkeit nicht vielmehr eine unkonventionelle, unbürgerliche Seite seiner Person Luft, die den Schmu spürte, der hinter einem solchen Geschenk von mir gesteckt hatte, das doch nur so tat, als sei es mehr als eine hohle Phrase, etwas anderes als ein weiterer sinnloser Gegenstand, den er nicht im geringsten brauchte?

Und vielleicht auch benötigte ich ja mein Quantum an Hinweisen, um mich daran zu gewöhnen, daß andere, wirklich persönliche Gaben sowie Zeugnisse dessen, was wir miteinander erlebt hatten, spätestens nach seinem Tod in den fahlen Kammern eines Archivs landen würden.

Junge und nicht mehr ganz so junge Mütter mit überbreiten, extralangen Kinderwagen kreuzten durchsonnte Alleen der Bonner Südstadt von links nach rechts oder umgekehrt, und wenn sie ihre Männer auf dem Fahrrad nahen sahen, gurrten sie, als lägen sie selber dort in den Wagen, die sie durch den Nachmittag schoben. Trommelnd schlugen die Reifen auf die Pflastersteine, und ohne Vorwarnung saß auf einmal V. neben mir im Auto.

Eben tröpfelten aus dem Radio siruphafte Reste eines Musikstücks, das sich dann, als schon nicht mehr damit zu rechnen war, doch erschöpft hatte, und da war plötzlich seine Stimme bei mir, so nah, fast wie in meinem Innern. Eine uralte Aufnahme, aus dem Archiv gefischte Laute, Worte zum Bau der Mauer oder ihrem Abbau oder irgendeinem anderen Ereignis, das sich längst erledigt hatte, und die Stimme meines toten Vaters kroch mit größter Selbstverständlichkeit aus dem Lautsprecher, nun da auch er selbst, dem sie gehörte, in die Vergangenheit eingegangen war.

Ich suchte in seiner unerwartet schneidenden, durch Erde und Äther gefilterten, heller gewordenen Stimme, wie sie mit mir durch die Gegend kutschierte, nach etwas mir wirklich Unbekanntem, Neuem. Wie nah sie war, und wie weit weg.

Dort oben über mir schlugen sie sich die Augen zu schmalen Schlitzen. V. und ich saßen ganz vorne, dicht unter dem Ring. Ein Europameisterschaftskampf, die Zuschauerreihen ließen sich kaum überblicken, aber wir waren nah bei den Boxern. Der Klang auf nasse Haut treffender Lederpolster, das Schnaufen der Kämpfer, ihr tänzelnd-verlegenes Stampfen, der Gong trennte die Runden, die Stimme des Ringrichters knarrte:

»Box!«

Wollte mein Vater mir eine Freude bereiten? Vielleicht machte es ihm mehr Spaß, wenn ich ihn begleitete. In seiner Ecke bekam Buby Scholz Salbe auf die geschwollene Braue. Meine Augen waren offen, und ich war jung.

Irgendwann haben wir beide einen Pakt geschlossen, auf den wir uns trotz allem, was uns trennte, verlassen konnten. Aber wann? Beim Fischen? Beim nächtlichen Imbiß in der Küche? Im Streit? Mein Vater ist tot, mehr als zehn Jahre. Ich denke nicht sehr oft an ihn. Hin und wieder schon. Und manchmal werde ich auf ihn angesprochen. Was sage ich dann?

Joachim Fest bei rororo

Im Gegenlicht
Eine italienische Reise
rororo 62295

Die unbeantwortbaren Fragen
*Notizen über Gespräche mit
Albert Speer zwischen Ende
1966 und 1981*
rororo 62159

Horst Janssen
Selbstbildnis von fremder Hand
rororo 61901

Der Untergang
*Hitler und das Ende des Dritten
Reiches. Eine historische Skizze*
rororo 61537

Das Filmbuch
rororo 61923

Großdruck
rororo 33229
Niemals zuvor sind im Untergang
eines Reiches so viele Menschen-
leben vernichtet, so viele Städte
ausgelöscht worden. Joachim Fest
erinnert an ein Geschehen, das
nicht nur politisch-historisch, sondern für ungezählte Mitlebende
vor allem menschlich nichts anderes als ein Weltuntergang war.

Begegnungen
Über nahe und ferne Freunde
Joachim Fest berichtet über Begegnungen mit prominenten Persön-
lichkeiten, die sein Leben prägten:
von Hannah Arendt bis Golo
Mann, von Ulrike Meinhof bis
Sebastian Haffner. Der intime Blick
des Autors erschließt dem Leser
nicht nur die Personen, sondern
immer auch ein besonderes Stück
deutscher Zeit- und Kulturge-
schichte.

rororo 62082